Papier

Kreatives Gestalten mit Papier

Papier

Ein **anregender** und ***praktischer***
Führer zur ***gegenwärtigen***
Papierkunst,
mit Papiermaché, Decoupage,
Scherenschnitte, Kollage,
Schmuckpapier-Technik und
Papierkonstruktion

ISBN 3-89815-080-1

Herausgeberin: Joanna Lorenz
Projekt Verfasserin: Margaret Malone
Cover: Mathias Becker
Art Direction Eurobooks: M. Becker
Gestaltung: Bill Mason
Beratung: Jenny Matthews

WDZ 1999

Titelseite: *Kaleidoskop-Raumteiler,*
S. 148

Vorherige Seite:
Papierlaternen, S. 126
Tag und Nacht-Mobile, S. 56
Roseneier, S. 75
Kariertes Geschenkpapier mit Kartoffeldruck, S. 162

Diese Seite:
Japanische Papierlaterne
S. 214

Gegenseite rechts:
Grußkarte, S. 230

INHALT

EINLEITUNG

Papier ist ein überraschend vielseitiges Material. Es ist in Dutzenden von Variationen erhältlich und bietet scheinbar unbegrenzte Möglichkeiten .

Über die Jahrhunderte entstanden weltweit viele Traditionen der Papierbearbeitung, von denen eine jede das Wesen ihrer Kultur wiedergibt. Außerdem haben Handwerker und Künstler Techniken angepasst, die dann ihr eigenes Werk beinflussten. Das Ergebnis ist eine riesige und atemberaubend schöne Palette von besonderen Papierwaren und -dekorationen.

Dieses Buch hat über 125 Papierkunstprojekte zum Selbermachen zusammengestellt, von Papierkonstruktionen bis zu exquisiten Beispielen von Decoupage, Papiermaché, Scherenschnitten und Collagen. Alle Projekte sind leicht verständlich und verwenden nur einfache Materialien und Zubehör. Farbfotografien führen Sie Schritt für Schritt duch die Anleitungen. Ein umfassender Teil am Anfang beschreibt die notwendigen Materialien und Zubehör sowie wichtige Papierbearbeitungstechniken.

Also, ab sofort alte Zeitungen, Zeitschriften, Papierreste und Pappe sammeln, damit Sie die Vorschläge in diesem Buch gleich in die Tat umsetzen können.

PAPIERKUNST IM LAUFE DER JAHRHUNDERTE

Papier, im 2. Jahrhundert v. Chr. von einem chinesischen Hofbeamten erfunden, breitete sich nach Westen aus und erreichte Zentralasien um 751 n. Chr. In 793, während der Blüte des Islams, wurde Papier erstmals in Bagdad hergestellt. Von dort erreichte das Wissen um die Papierherstellung Europa. Ab dem 14. Jahrhundert gab esüberall in Europa Papiermühlen.
Mit der Erfindung des Buchdrucks, stieg der Papierbedarf ungeheuerlich an. Damals waren Baumwoll- und Leinenlumpen der Hauptrohstoff, und erst im 18. Jahrhundert, als der Bedarf das Angebot überstieg, begann die Suche nach einem ergiebigeren Rohstoff. Im frühen 19. Jahrhundert begann man Holz zu verwenden.

Moderne Herstellungsverfahren und -maschinen, auch im 19. Jahrhundert eingeführt, haben das alte Handwerk in eine hochtechnologische Industrie verwandelt. Das Grundverfahren blieb aber dasselbe: für Papier von höchster Stärke und Dauerhaftigkeit werden immer noch Baumwoll- und Leinefasern sowie saubere Lumpen verwendet.

Überall in der Welt haben Menschen den Wert des Papiers als kreatives Material erkannt. Sie haben gelernt, Papier in elegante und schöne Gebrauchsgegenstände zu verwandeln. Und sie haben viele Wege entdeckt, mit Papier zu dekorieren, z. B., durch Falten und Zuschneiden, Bemalen oder die Herstellung von Bildern aus Farbpapier und vorgedruckten Ausschnitten. Der Ferne Osten und Europa haben besonders starke und lang zurückreichende Traditionen in der Verwendung von Papier als Rohstoff und Ornament.

PAPIERMACHE

Papier mâché (französisch für gekautes Papier) ist eine Art Papierbrei oder mit Kleber vermengtes Papierstreifen. Es kann zu beständigen, haltbaren und schönen Gegenständen geformt werden, welche man dann phantasievoll dekoriert.
Jahrhunderte vor seiner Einfuhr in Europa wurde dieses Handwerk im Fernen Osten mit seinen exquisiten Verzierungen und Lackierungen zur Kunst erhoben. Zu Beginn des 18. Jahrhunderts wurde Papiermaché in Frankreich und später in Deutschland und England in verschiedenen Verfahren hergestellt. In einem drückte man mehrere mit Kleber vermengte Papierblätter in Formen zu Tabletten und Möbeltafeln zusammen. Obwohl die Herstellung von Papiermaché-Waren im Europa des 19. Jahrhunderts stark zurückging, ist es auch heute noch immer beliebt für Spielzeug, Masken und Modelle. Als einfaches und billiges Verfahren wird es heute wieder belebt.

DECOUPAGE

Die Kunst des Decoupage, vom französischen Verb découper, ausschneiden, abgeleitet, besteht aus dem Schneiden und Aufkleben schwarzweißer oder farbiger Schnitte auf einer Fläche, um damit ein Bild oder Muster zu bilden. Im 17. Jahrhundert erschien es in Frankreich als Möbeldekoration unter dem Einfluß von sibirischem Pelzwerk und Scherenschnitten der chinesischen und polnischen Volkskunst. Ein Jahrhundert später war es in Europa als Zeitvertreib weit verbreitet. Es war so modisch, daß besonders gedruckte Bilder zum Ausschneiden und Auftragen auf Haushalts- und persönlichen Gegenständen, wie Bürsten, Fächer und Schirme, hergestellt wurden. Heute findet es wieder Interesse, um Gebrauchsgegenstände, wie Papierkörbe, Lampenschirme, Wandschirme, Tabletts und Schachteln, zu verschönern. Viele der heutigen Decoupageentwürfe sind vom viktorianischen Blumenstil abgeleitet, aber es gibt keinen Grund warum diese Mode das Aussehen des modernen Decoupage bestimmen muß. In diesem Buch wird die Vielfalt des heutigen Decoupage vorgestellt, für die Sie jedes beliebige Papier verwenden können.Sogar schwarzweiße und getönte Fotos eignen sich für den eigenen Entwurf. Das fertige Werk sollte immer mehrere schützende Lackschichten erhalten.

SCHERENSCHNITTE

Scherenschnitte entstanden im Osten. In China, wo sie zuerst zumÜbertragen von Stickmustern auf Stoff vewendet wurden, waren sie sehr kompliziert. In Japan verwendete man sie als Schablonen im Textildruck.

Das Handwerk wanderte entlang der Handelsstraßen nach Europa, wo Mönche es für Illuminierungen aufnahmen. Daher konzentrierte sich das früheuropäische Scherenschneiden auf religiöse Themen. Als Papier leichter zu bekommen war, begann man Alltagsszenen darzustellen. Polnische Volkskünstler waren berühmt für ihre charmanten Darstellungen des Landlebens. Deutsche und Schweizer Scherenschnitte waren kompliziert und gefaltet. Diese symmetrischen, schwarz auf weißen Bilder wurden von den ersten Europäern in die Neue Welt gebracht. In England und Frankreich entwickelte sich bald der

Stil der Porträtsilhouetten. Für die ersten Silhouetten wurde der Kerzenschatten vom Kopf des Modells in natürlicher Größe aufgezeichnet, schwarz angemalt, ausgeschnitten und dann auf weißem Papier fixiert. Als diese Mode um sich griff, erkannten hoch wohlgeborene Damen, dass ihre Nähscheren besonders geeignet waren, um Liebeszeichen aus Spitzenpapier, Valentinskarten oder Andenken zu schneiden.
Heute wird Scherenschneiden noch in vielen verschiedenen Gegenden der Welt, z. B., Dänemark, Mexico und den USA, bei Volksfesten gezeigt und erklärt.
Je nach Papiersorte, Faltenzahl und Art des Entwurfs kann Scherenschneiden eine Vielzahl von besonders ansprechenden und dekorativen Ergebnissen hervorbringen.

SCHMUCKPAPIER

Papier kann auf viele Weisen dekoriert werden, um das Aussehen von Papierwaren zu verschönern oder um einfaches Papier und Pappe zu verwandeln. Schablonieren ermöglicht eine sonst unerreichbare dekorative Wirkung. Es ist seit langem beliebt als wirksame Schmucktechnik für Innenausstattungen mit wiederholenden Mustern und kann sowohl auf kleinen als auch großen Gegenständen, z. B. Tapeten, Verpackungen oder Schreibwaren, verwendet werden. Stempeln, eine Art des Druckens, eignet sich hervorragend, um Papiersorten jeglicher Art zu verzieren. Heute sind

Schablonieren und Stempeln als billige aber beeindruckende Schmucktechnik bekannt. Fertigstempel und -schablonen gibt es in vielen Formen, aber man kann auch eigene Muster herstellen. Schablonen können aus gewachster Schablonenpappe oder Acetat und Stempel aus Kartoffeln und Schwämmen gefertigt werden.

PAPIERKONSTRUKTION

Papier kann zu überraschend vielen durchaus auch praktischen Gegenständen, wie Schachteln, Mobiles und Laternen, verarbeitet werden. Diese Kunst hatte ihren Ursprung wohl in der älteren Kunst des Stofffaltens. Das japanische Origami, mit Hunderten von traditionellen Faltungen von fabelhaften dreidimensionalen Objekten und Tieren, ist die höchste Form dieser Kunst. Alles vom Elefanten bis zur Vase mit Blumen läßt sich ohne Kleber herstellen. Spanien und Südamerika haben auch ihre Falttraditionen. Das Falten von buntem Papier wurde im 19. Jahrhundert auch in die von Deutschland ausgehende Kindergartenbewegung aufgenommen, und selbst das Bauhaus, die berühmte deutsche Kunstakademie, bot Papierfalten in seinen Gestaltungskursen an. Karton, sonst nur einfaches Packmaterial, kann in viele Gebrauchs- und Dekorationsobjekte verwandelt werden. Anfang des Jahrhunderts wurde es für Skulptur-, Möbel- und Gebäudemodelle verwendet. Einfallsreiche Designer haben ganze Möbel daraus angefertigt - ein Zeugnis seiner Stärke. Karton wurde beliebt als Kunstmaterial während des Zweiten Weltkriegs, als er immmer häufiger wurde. Handwerker machten sich das neue Abfallprodukt schnell zu eigen , aber die Begeisterung schwand, als andere Stoffe nach dem Krieg erschienen und für viele mehr Möglichkeiten boten. Heute erweckt der Karton erneut großes Interesse weltweit und verschiedene Künstler benutzen ihn, um von Spielzeug über Handtaschen bis zu Stühlen und Tischen die verschiedensten Objekte zu kreieren. Die mehrlagige und dadurch besonders feste Wellpappe ist hervorragend geeignet zum Bauen von Konstruktionen. Mehrere Projekte, die in diesem Buch vorgestellt werden machen sich diese bemerkenswerten Eigenschaften zu Nutzen.

PAPIER- UND PAPIERSORTEN

PAPIER

Zeitungen Billig, leicht zu bekommen und ausgezeichnet zu verwenden für Papiermaché und Dekorationen. Zum Schichten von Streifen in Formen oder auf Unterlagen eignen sich am besten Tageszeitungen; das dünne Papier von Boulevardblättern lässt sich gut zu Papierbreif verarbeiten. Es faltet sich sehr gut, dahereignet es sich sehr gut für Scherenschnitte.

Dokumentpapier Qualitätsschreibpapier, das dauerhaft ist und Tusche gut widersteht.

Wasserlinienpapier Parallellinien laufen durch dieses Schreibpapier. Brauchbar für Fotokopien und Scherenschnitte.

Gewebepapier Wird von einem feinen Fasergewebe durchzogen, so dass es leicht gerippt wirkt.

Beschichtetes Papier Bunte Beschichtung auf einer oder beiden Seiten. Die Farbbeschichtung kann brechen, daher vorher damit experimentieren.

Indische handgemachte Papiere Leichte und exotische Papiere. Stark aber einfach zu schneiden. Sichtbare Faserflecken können beim Falten hindern.
Im Fachhandel erhältlich.

Buntes Bastelpapier Besonders buntes Papier, das einfach zu verwenden ist, wenn wenige Falten benötigt werden. Es lässt sich gut schneiden.

Kreppppapier Knittriges, dehnbares Papier in vielen Farben. Klebeband hält nicht gut daran.

Seidenpapier Qualitätsseidenpapier gibt es in vielen lebhaften Farben und Beschichtungen. Ausgezeichnet zum Schneiden, selbst wenn mehrmals gefaltet. Ideal für Papiermaché-Brei. Durchscheinende Objekte können durch Pressen von mit Klebstoff bedecktem Papier in geölten Formen hergestellt werden.

Japanisches handgemachtes Papier Weicher als indisches handgemachtes Papier, auch sehr stark und enthält lange Fasern. Schneidet sich gut, ist aber schwer zu falten und bricht sehr leicht. Teuer, aber die meisten sagen, dass es sein Geld wert ist.
Nur im Fachhandel erhältlich.

Pergaminpapier Gegen Licht gehalten wird dieses glasierte, schwere seidenpapierartige Papier meliert und transparent. Faltet und schneidet sich schön. Im Fachhandel oder Künstlerbedarf erhältlich.

Beschichtetes Einschlagpapier Einschlagpapier ist auf einer oder beiden Seiten mit Silber oder einer anderen Farbe beschichtet. Schneidet und faltet sich gut.

Metallisiertes Papier Wird als Geschenkpapier verkauft und hat echten, spiegelnden Metallglanz. Wenn es aus folienbeschichtetem Zellophan besteht, rutscht es und reißt. Manche Sorten falten sich gut, andere falten nicht auf, wenn sie geknickt sind.

Packpapier Traditionelles Paketpapier. Stark, billig, gut für Handdrucke und Schablonieren.

KARTON

Karton Leicht zu falten, daher ideal für Grußkarten oder ähnliches. Erhältlich in vielen Stärken, Gewichten und Farben.

Schablonenkarton Schablonenkarton und geöltes Schablonenpapier sind leichter zu schneiden als Acetat, aber weniger dauerhaft. Da durchsichtig, ist es nicht leicht zu platzieren.

Flachkarton Oft als Verpackung verwendet. Nützlich für Papierkonstruktionen. In verschiedenen Stärken.

Wellpappe In verschiedenen Stärken. Einwellig oder schwer. Besitzt zwei Wellenreihen, daher ausgezeichnet als Papiermaché-Unterlage. Einseitige oder leichte Wellpappe eignet sich gut zum Formen und für Papierkonstruktionen. In großen Mengen im Verpackungshandel, in Schreibwaren- und Hobbyläden erhältlich. Auch in einer sehr feinen, biegsamen, leicht zu schneidenden, bunten Sorte. Mittelwellige Formen gibt es in mehreren Farben und auch metallisiert. Sie sind aber weniger flexibel.

Gebleichter Karton Sehr flexibel mit glasierter Oberfläche. Gut für Projekte mit runden Formen.

Fotokarton Etwas weniger flexibel. Zum Fixieren von Bildern verwendet. Oft weiß (glatte Seite) mit Buntpapier (etwas strukturierte Seite). In vielen Farben im Fachhandel.

Graukarton In verschiedenen Gewichten. Dickere Sorten sind weniger flexibel. Dünner Graukarton ist etwas flexibel, biegsam und knickt leicht. Doppelte Stärken sind dauerhafter, glatt und für geradseitige Projekte geeignet. Leicht zu bemalen. Mit scharfer Klinge schneiden.

Recycling-Graukarton Hat ein interessanteres und dekorativeres Aussehen. Etwas flexibler als Graukarton.

Polyboard Zwei glatte Kartonlagen auf Polystyrol laminiert. Stark, kann nicht gefaltet werden, sondern muss geheftet oder geklebt werden.

Experimentieren Sie mit der ganzen Papierpalette: marmoriert, strukturiert, Büttenrand, meliert, geprägt (*oben links*), handgemacht, folienbezogen, Krepppapier (*oben rechts*), dekoriert, gestempelt, schabloniert (*unten rechts*), Wellpappe, gebleichter Karton, Recyclingkarton (*unten links*).

MATERIALIEN

Außer Papier und Karton benötigen die Papierkünste noch viele andere Materialien. Da viele von diesen wiederholt verwendet werden, ist es ratsam, einen Vorrat anzulegen und sie zum Gebrauch immer bereitzuhalten.

KLEBSTOFFE

Kleber halten Papier und Pappe für Dekorationen und Konstruktionen zusammen. Viele Sorten haben dieselbe Wirkung, daher ist persönliches Empfinden und die eigene Arbeitsweise oft ausschlaggebend. Eine Klebepistole ist nützlich, um geschmolzenen Kleber aufzutragen.

Papierkleber Obwohl er langsamer trocknet, ist diese goldfarbige Flüssigkeit ideal für Papier.

Weißleim Weil er schnell und klar trocknet, ist Weißleim ideal für das Arbeiten mit Papier und besonders mit Papiermaché. Er kann mit Wasser verdünnt werden, um Papier in eine Form einzulegen. Weißleim kann auch als nicht-wasserfester Lack dienen. Manche Kleber irritieren die Haut, daher sollte man eine ungiftige, kinderfreundliche Sorte auswählen und sie mit einer Bürste auftragen oder Handschuhen auftragen.

Holzkleber Stärker als Weißleim und besonders nützlich für schwere Pappe.

Alleskleber Eignet sich für alle Arten von Papier, um sie miteinander zu verbinden.

Leimpulver Ungiftige Leimpulver-Körner gibt es in Hobbyläden. Sie werden mit Wasser zu steifer Konsistenz vermischt. Trocknet langsamer als Weißleim und macht Papiermaché matschig.

Klebepatronen Werden mit der Klebepistole, die den Kleber am Kontakt-punkt schmilzt, aufgetragen.

Sprühkleber Sprühen ergibt einen leichten, gleichmäßigen Auftrag und ist ideal für schwierige Projekte, wie Scherenschnitte. Nur in entlüfteten Räumen verwenden.

Tapetenleim Nützlich für große Projekte, aber nicht so stark wie Weißleim, trocknet auch langsamer. Ideal für Decoupage, da es schlüpfrig ist und Motive genau eingefügt werden können. Ausgezeichnet für Papiermaché. Tapetenleim verhindert Schimmel, da er Fungizide enthält. Fungizide können aber die Haut angreifen, daher Gummihandschuhe tragen.

FARBE

Farben werden verwendet, um Konstruktionen zu dekorieren oder einfaches Papier in Geschenkpapier zu verwandeln. Es ist sinnvoll zwei Schichten Grundierung auf Karton

oder Papiermaché vor dem dekorativem Bemalen aufzutragen.

Grundierung Nützlich, um Papiermaché vor dem Bemalen abzudichten. Beim Dekorieren mit Plakat- oder Gouachefarben mit weißer Latex-, Plakat- oder Pulverfarbe vorstreichen. Bei Akrylfarben mit weißer Akrylfarbe oder Akrylgesso vorstreichen.

Akrylfarben Diese Farben trocknen mit plastischer, wasserfester Oberfläche. Sie können unverdünnt und mit Wasser oder Akrylmedium verdünnt eingesetzt werden. Akrylschablonier-Farben trocknen schnell und dringen nicht hinter die Schablone. In vielen Farben erhältlich und vermischbar.

Latexfarben Gibt es in vielen Farben und besonders praktisch ist, dass sie schnell trocknen. Können zum Schablonieren verwendet werden. Billigere, wässrige Sorten dringen durch die Schablone.

Plakatfarben Wasserfarben, die nicht wasserfest trocknen und daher lackiert werden müssen.

Gouachefarben Weniger anspruchsvoll als reine Wasser-farbe, durchleuchtend wegen des Zusatzes von weißer Körperfarbe.

LACKE

Dekorierte Flächen müssen gegen Schmutz und Abnutzung geschützt werden. Zwei Schichten auftragen und dazwischen leicht absanden.

Polyurethan-Öllack Gibt es in glänzender, Satin- oder matter Form. Dieser lösungsmittelarme Polyurethanlack eignet sich für Plakat-, Pulver- und Gouachefarben. Nur in gut belüfteten Räumen verwenden.

Wasserverdünnbarer Akryllack In glänzender, Satin- oder matter Form erhältlich, um Akrylfarben zu schützen. Vergilbt nicht. Unbedingt nur in gut belüfteten Räumen verwenden.

Sprühlack Nützlich um kleine Bereiche abzudichten. Man sollte aber unbedingt eine Schutzmaske tragen.

SONSTIGES

Metallblatt Als billige Alternative zu echtem und teuerem Goldblatt kann dieses feine Material spektakuläre Wirkungen erzeugen. Bei Verwendung mit Goldblatt-Anlegeöl wird dieses zuerst aufgetragen.

Sprühfixativ Zum Fixieren, um Verwischungen zu vermeiden.

Löschkarton Absorbiert und nimmt überflüssige Farbe auf.

Im Uhrzeigersinn, ganz links Fixativ, Filz-, Farb- und dicke Filzstifte, Pastell-, Wasser-, Gouache-und Plakatfarben, Wachsstifte (*Mitte*).

Im Uhrzeigersinn, links Holzkleber, starker Kleber, Weißleim, Sprühfarbe und -kleber, Abdeckband, Gummilösung.

Im Uhrzeigersinn, links Akrylschablonier-, Öl-, Metall-, Stoffarbe, Schablonier-Ölstifte, Latexfarbe, Goldblatt, Akryllack, Goldblatt-Anlegeöl.

ZUBEHÖR

Das meiste Zubehör ist einfach zu benutzen. Wenn Sie es nicht schon besitzen, kann es billig im Fachhandel gekauft werden. Mit dem nachfolgenden Werkzeug können Sie die meisten Projekte in diesem Buch ausführen. Pflegen Sie das Werkzeug gut und reinigen Sie es sofort gründlich nach jedem Gebrauch.

MESSEN

Bei vielen Projekten ist genaues und akkurates Messen äußerst wichtig, um gute Ergebnisse zu erzielen.

Metalllineal Unentbehrlich um gerade Linien zu schneiden. Ersetzt die Schere bei weicheren Kanten.

Durchsichtiges Lineal Nützlich um durch ein Muster beim Messen und Schneiden hindurchzusehen.

Zeichendreieck Mit z. B. 60 und 30 Gradwinkel. Zum Aufteilen von Kreissegmenten unbedingt notwendig.

Winkelmesser Ermöglicht Kreisaufteilung in Winkel.

Zirkel Manchmal braucht man den Zirkel, um Kreise genau zu zeichnen und gleichzeitig einen Mittelpunkten auszulegen.

SCHNEIDEN

Um Papier, Pappe oder Kartons sauber zu schneiden, ist scharfes Qualitätswerkzeug unentbehrlich.

Scheren Die kleine, scharfe Schere ist unentbehrlich für komplizierte Motive. Größere Scheren können zum Schneiden von Mustern, Kartons und Pappe eingesetzt werden. Zackenscheren ergeben gezackte Kanten.

Trapezmesser Beim Schneiden von komplizierten Mustern ergibt diese scharfe Klinge gute, saubere Ränder. Auch wichtig um Schwammstempel zu schneiden. Klingen regelmäßig ersetzen, da stumpfe Klingen sich verfangen.

Schneidematte Eine „selbstheilende" Schneidematte schützt die Arbeitsfläche, verhindert Fehler und erhält die Klinge.

Linoleummesser Unbedingt notwendig um Linoleumstempel zu schneiden.

DEKORATIONS-WERKZEUG

Der richtige Pinsel ist unheimlich wichtig beim Arbeiten mit Farben. Die drei Hauptsorten in der Papierkunst sind Flach-, Haar- und Stupfpinsel. Jede Sorte gibt es in verschiedenen Formen und Größen. Kaufen Sie wenn möglich die beste Qualität, da billige Pinsel dazu neigen ihre Borsten zu verlieren. Säubern und trocknen Sie die Pinsel nach jedem Benutzen gut.
Spülen Sie die Pinsel für Wasserfarbe in Wasser und die Pinsel für Ölfarbe in Terpentin (Farbenverdünner) ab.

Flachpinsel Ein 2,5 cm breiter Pinsel ist ideal zum Grundieren und Lackieren. Nie mit einem Malpinsel lackieren, da der Lack dann Farbe enthält.

Haarpinsel Besonders geeignet für feine Arbeiten und komplizierte Dekorationen. Zu erhalten in viele Größen, flach oder zugespitzt.

Stupfpinsel In vielen Größen vorhanden. Diese steifborstigen Pinsel werden zum Schablonieren verwendet.

Malerwalzen Kleine Walzen zum Malen und Stempelbestreichen. Beim Stempeln eine andere Walze für jede Farbe verwenden.

Schwamm, Schaumstoff Können als Druckstempel zugeschnitten werden. Dichte Schwämme sind gut für Feinheiten und geben glatte, scharfe

Im Uhrzeigersinn, oben links: Gummihandschuhe,Schutzmaske, Form, Vaselin, Schere, Abdeckband, feines Sandpapier, Metalllineal, Bleistift, Klinge, Modellierwerkzeug, Ahle, Drahtzange, Palette, Flachpinsel, Drahtgestell, Lederhandschuhe und Schneidematte (*Mitte*).

Ränder. Mittlere und leichte Schwämme nehmen mehr Farbe auf und ergeben strukturiertere Muster.

Gummistempel In großer Auswahl. Detaillierte Motive sind besser bei kleinen Projekten, gröbere Stempel eignen sich für Wände und Möbel. *Tintenpolster* In vielen Größen, Farben und Formen.

Linoleumblock Zum Stempelschneiden, im Künstlerbedarfshandel.

SONSTIGES

Abdeckband Wird zum Abdecken von nicht zu bemalenden Bereichen und vorübergehendem Befestigen von Motiven und geklebten Gegenständen während des Trocknens oder Auftragens von Papiermaché verwendet.

Schwacher, wiederverwertbarer Kleber Zum Festhalten und Anordnen von Bildern vor dem endgültigen Befestigen.

Klebepistole Ist wirklich unentbehrlich. Liefert kleine Mengen von heißem Kleber beim Abdrücken. Dieser trocknet sofort und ist kontaktstark.

Sandpapier Feines Sandpapier für Papiermaché vor dem Grundieren und Abreiben verwenden, gröberes beim Vorbereiten von Flächen für Decoupage.

Schutzmaske Sollte immer bei Staubgefahr und Arbeit mit Pulvern getragen werden. Eine besondere Gasschutzmaske sollte bei Arbeiten mit Klebern und Lösungsmitteln getragen werden.

Pinzetten Nützlich zum Fixieren von kleinen Gegenständen

Bleistifte Gibt es hart und weich. Weiche eignen sich besser zum Übertragen von Pausen.

Filzstifte Ergeben gute, klare Umrandungen beim Pausen. Auch zum Füllen von Fotokopien für Geschenkpapier

Im Uhrzeigersinn von oben links: Schneidematte, Pinzette, Skalpel, Trapezmesser, Zirkel, Metallineal, Maßband, Plastiklineal, Filzstift, Bleistift, Stupf-, Haar- und Flachpinsel, weiches Tuch, Geschirrtuch, Küchenpapier, mittleres und feines Sandpapier, große und kleine Schere (*Mitte*).

Wachsstifte Weiß macht sich gut auf schwarzem Papier.

Pauspapier Notwendig beim Übertragen von Entwürfen.

Lappen Weiche Lappen sind nützlich zum Säubern und Abreiben.

Löffel Nützlich, um die Rückseite von Ausschnitten zu glätten. Ein Holzlöffel mit spitzem Ende kann zum Einkerben von Pappe benutzt werden.

Ahle Mit diesem kleinen, spitzen Werkzeug sticht man Löcher ein.

Rotierender Locher Eine Stanze mit mehreren Größen macht saubere Löcher. Ein Ösenpfriem gibt einen sauberen Rand.

Drahtgestell Verkürzt die Trocknungszeiten.

Gummihandschuhe Leichte, enge Handschuhe beim Umgang mit Klebern und Breien schützen die Haut.

Vaseline Papiermaché lässt sich aus einer mit einer dünnen Schicht Vaseline vorbehandelten Form einfacher herauslösen, wenn es getrocknet ist. Man kann auch Zellophan verwenden.

Klebefilm Klarer Film zum Befestigen von Bändern. Beidseitiger Film ermöglicht unsichtbares Anstecken, matter Film fällt auf Geschenkpapier weniger auf.

Teller und Glasplatten Dünnflüssige Farben werden auf Tellern vermischt, dicke Farben für Stempel aber besser auf Glasplatten.

Acetatbogen Klares Acetat ist abnutzungsfest und leicht zu säubern, daher ideal für wieder verwendbare Schablonen; 0,075-Maß ist dünn genug zum Schneiden.

Knochen-Papierfalter Dieses Handwerkszeug aus der Buchbinderei gibt eine scharfe Kante entlang einer lockeren Falte.

Mischbecher Nützlich um Farbe, Kleber, Tapetenleim aufzubewahren und als Form für Papiermaché.

Ballons Aufgeblasen sind sie ausgezeichnete Formen für Papiermaché. Vor Verwendung leicht einfetten.

Drahtgeflecht Interessante Gestaltungsmöglichkeiten als Gerüste für Papiermaché.

GRUNDTECHNIKEN: PAPIERMACHE

Papiermaché ist eine Modelliertechnik mit zerrissenem Papier, das in Kleber gebunden wird. Die Techniken sind schnell gelernt und bieten endlose Vielfalt.

Fast alle Gegenstände können als Form verwendet werden, aber runde Objekte lassen sich einfacher glatt bedecken, wenn die Form später entfernt werden soll. Schüsseln und große Teller eigenen sich dafür hervorragend. Draht kann vielfältig verformt werden. Pappgerüste, Armaturen genannt, können auch mit Papiermaché bedeckt werden.

Papiermachébrei kann zu Schüsseln oder Skulpturen geformt werden. Man muß ihn nur mit den Händen oder einem Pinsel zurechtdrücken werden. Das Trocknen kann mehrere Tage dauern.

Um den Brei herzustellen, einfach fünf Zeitungsblätter in 2,5 cm große Stücke zerreißen, in einem Topf mit Wasser geben und 30 Minuten simmern. Papier und Wasser mit einem Mixer zu Brei verarbeiten. In einer verschlossenen Plastikschachtel aufbewahren (er hält sich Wochen). Kurz vor dem Verarbeiten 2½ Esslöfel Weißleim und jeweils 1 Esslöffel Tapetenleim, Gips und Leinsamenöl zugeben und verühren.

ZEITUNGSPAPIER ZERREISSEN

1 Reissen statt Schneiden ergibt weniger offensichtliche Verbindungen zwischen den Streifen. Zeitungen haben eine Maserung und reissen einfacher in eine als die andere Richtung. Meistens verläuft die Maserung von oben nach unten. Wenn Sie dagegen anreissen, lässt sich der Riss unmöglich kontrollieren.

2 Um Streifen herzustellen, mehrere gefaltete Zeitungsblätter in die Hand nehmen. Ungefähr 2,5 cm vom Rand entlang der Maserung anfangen. Gerade nach unten ziehen und das Papier reisst in lange, gerade Streifen. In fast jeder Breite möglich.

FORM HERSTELLEN

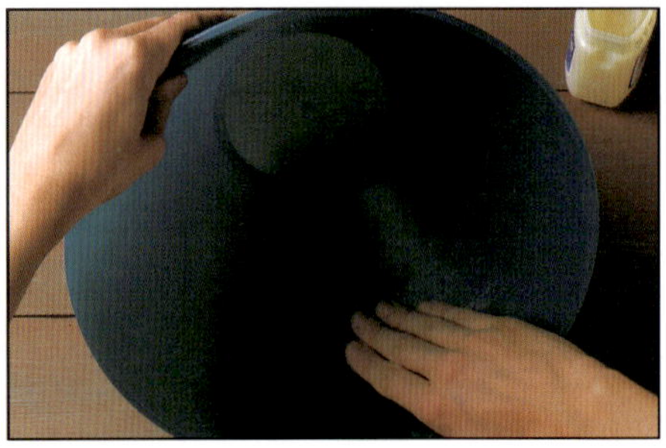

Ehe das Papiermaché auf die Form gelegt wird, die Oberfläche leicht mit Vaselin einfetten, um ein Festkleben zu verhindern. Dann ist es einfach das trockene Papiermaché zu entfernen. Zellophan kann manchmal auch dazu verwendet werden.

BESCHICHTUNG

Die Form mit 5 bis 6 Lagen 2,5 cm breiter Papierstreifen bedecken. Auf die Streifen beidseitig Weißleim streichen und einzeln in die geölte Form von oben nach unten einlegen. Die Streifen sollten etwas über dem Rand hervorstehen. Die zweite und dritte Lage im rechten Winkel zur ersten einlegen. Jeden Streifen mit den Fingern glätten und Blasen herausdrücken.

VON DER FORM ENTFERNEN UND FERTIGSTELLEN

1 Wenn die Oberfläche des Papiers in der Form trocken ist, den Rand vorsichtig anheben. Wenn es darunter fast trocken erscheint, ein stumpfes Messer einführen und von der Form abheben. Das Papiermaché umgekehrt trocknen lassen.

2 Den Rand des Papiers mit der Schere entlang des Formeindrucks abtrimmen, damit die Kurve genau ist. Die Ränder werden mit dünnen Zeitungsstreifen verbunden, um eine Trennung der Zeitungslagen zu verhindern.

FLACHE OBJEKTE

Papiermaché-Objekte, wie Bildrahmen und Wandtafeln, sollten flachliegend trocknen, um ein Verbiegen zu verhindern. Das Objekt auf ein Drahtgestell oder eine Plastikschicht stellen; der Kleber haftet am Plastik, aber es kann leicht abgeschält werden, wenn das Papiermaché trocken ist.

EINEN KARTONRAHMEN HERSTELLEN

1 Sie können eine dreidimensionale Form mit starker Wellpappe bauen und mit Papiermaché bedecken. Jedes Rahmenstück vorsichtig messen, in seine Lage kleben und mit Streifen befestigen, damit es stabil wird. Weißleim aufstreichen, um die Oberfläche abzudichten, und trocknen lassen.

2 Den abgedichteten Rahmen mit Streifen bedecken, dabei jede Lage im rechten Winkel zur vorherigen legen. Ungefähr 5 Lagen verbergen die Wellen und ergeben ein festes Objekt. An einem warmen Ort auf dem Drahtgestell trocknen; übereiltes Trocknen kann Verbiegen verursachen.

VERWENDUNG VON KNETE ALS FORM

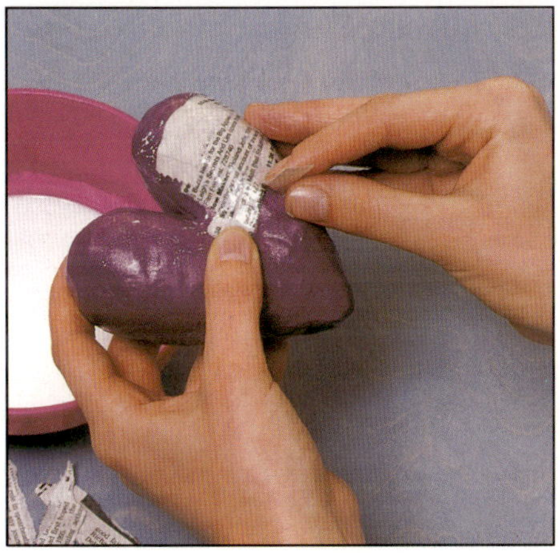

1 Knete in die gewünschte Gestalt bringen. Leicht mit Vaseline einschmieren, dann mit dünnen in Weißleim eingetauchten Zeitungsstreifen bedecken; 5 Lagen sollten ausreichen. Gründlich trocknen lassen.

2 Eine Linie um den Rand der Figur zeichnen, dann mit der Klinge schneiden, um sie in der Hälfte zu teilen. Vorsichtig die Knete aus beiden Schalen entfernen.

3 Die Hälften genau zusammenfügen, dann mit Klebeband zusammenhalten und mit 3 Lagen dünnen Papiermaché-Streifen verbinden.

ANMALEN VON PAPIERMACHE

1 Vor dem Anmalen von Papiermaché sollte dessen Oberfläche immer richtig vorbereitet werden, besonders wenn es aus Zeitungspapier besteht. Die Oberfläche mit feinem Sandpapier glätten, um die Kanten der Streifen zu verbergen. Beim Absanden eine Schutzmaske tragen.

2 Das Papiermaché mit zwei Lagen weißer Farbe grundieren, dabei zwischen den Lagen trocknen lassen. Das verdeckt den Zeitungsdruck und bietet einen guten Untergrund beim Dekorieren. Latex-, Plakat- und Pulverfarben eignen sich gut. Wenn die Dekoration aus Akrylfarbe besteht, mit Akrylfarbe grundieren.

GRUNDTECHNIKEN: DECOUPAGE

Decoupage ist ein Weg, um fast alle Flächen mit Papierausschnitten zu verzieren. Den Rohstoff dafür gibt es überall: Magazine, Grußkarten, Packpapier, Postkarten und bebilderte Kataloge warten auf das Ausschneiden.

Oberflächen für Decoupage müssen sauber, trocken und glatt sein. Metall mit einer Lösung aus gleichen Anteilen Wasser und Essig säubern; altes Metal muß erst mit Stahlwolle abgerieben werden. Holz leicht absanden, dann mit Terpentin (Farbverdünner) abwischen. Glas und Keramik sauber wischen. Poröse Flächen mit Latexfarbe abdichten.

ABDICHTEN

Vor dem Ausschneiden eines Bildes ist es ratsam, es mit einer Lage Schellack abzudichten. Geschenkpapier, Farb- und Schwarzweißfotos und wertvollen Bildern kommt das zu Gute. Schellack versteift zarte Bilder, die somit leichter auszuschneiden sind, und verhindert Entfärbungen.

AUSSCHNEIDEN

1 Wie Sie schneiden, hängt oft von der Größe und Gestalt der ausgewählten Bilder ab. Manchmal ist es einfacher die Formen mit einer großen Schere grob auszuschneiden und einen großzügigen Rand zu belassen.

2 Den Rand des Bildes mit der kleinen Schere schneiden. Schwierige Bilder in der Hand während des Schneidens drehen. Abtrennen von geraden Kanten immer mit einem Lineal. Um Papierreste innen zu entfernen und für komplizierte Muster Trapezmesser und Schneidematte verwenden.

EINKLEBEN VON BILDERN

1 Die Bilder werden auf dem Hintergrund angeordnet. Mit leicht bindendem, wieder verwertbarem Kleber kann man experimentieren, ohne die Bilder zu beschädigen.

2 Wenn Sie mit der Anordnung zufrieden sind, werden die Motive mit Weißleim, der mit etwas Wasser verdünnt wurde, aufgeklebt. Manche ziehen Tapetenleim vor, da er rutschig ist und die Bilder sich leichter in Stellung schieben lassen.

3 Ein Pinzette wird beim Anheben von zarten Bildern verwendet. In Stellung bringen, herunterdrücken und mit den Fingern oder einem weichen Tuch reiben, um Luftblasen und überflüßigen Kleber zu entfernen. Trocknen lassen.

LACKIEREN

1 Das fertige Decoupage wird lackiert. Bis zu 12 Lagen klaren Lack auftragen und zwischen jeder Lage leicht sanden, nachdem sie staubfrei getrocknet ist.

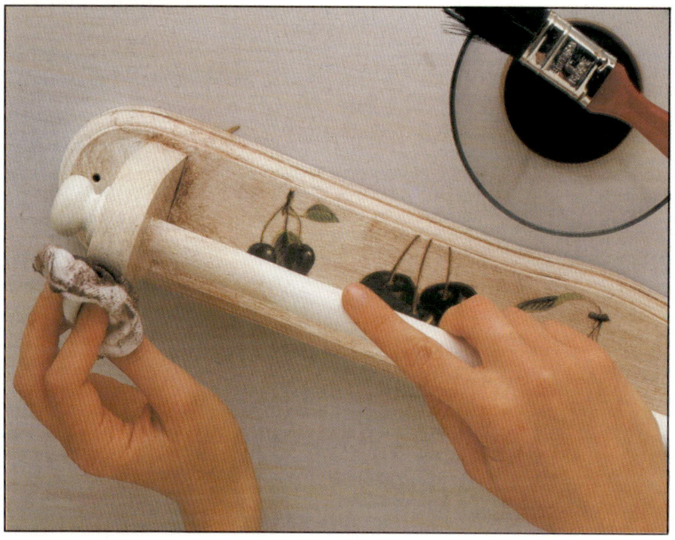

2 Um ein Objekt zu altern können Sie einen getönten Lack, wie Old Pine oder Old Oak, auftragen. Um Pinselstriche zu entfernen, mit einem Tuch abtupfen. Dann mit Wachs polieren.

GRUNDTECHNIKEN: SCHERENSCHNITTE UND COLLAGEN

Scherenschnitte und Collagen sind komplizierte Techniken, aber mit Übung verbessert sich Ihre Schneide- und Faltetechnik. Unentbehrlich ist eine scharfe Schere oder ein Trapezmesser mit vorrätigen Klingen. Die Zahl der Falten bestimmt, wie oft ein Bild erscheint. Einmal falten gibt ein Spiegelbild, zweimal gibt vier Bilder usw. Um einen scharfen Knick zu erhalten, das Papier lose falten, dann mit dem Fingernagel am Knick entlangfahren.

PAPIERFALTUNG

1 Metallineal fest gegen Papier halten, bis an die Kante falten, mit dem Nagel daran entlang fahren.

2 Oder das Papier lose falten, dann mit dem Papiermesser daran entlang fahren.

ÜBERTRAGUNG

Um ein Muster zu übertragen, können Sie es direkt auf Papier zeichnen oder fotokopieren. Oder aber eine Fotokopie ausschneiden, mit Sprühkleber auf Papier kleben und dann ausschneiden.

EINZELNFALTUNG

Das Papier in der Mitte falten. Das halbe Muster auf die Falte zeichnen und ausschneiden. Das Papier wird geöffnet um eine perfekte, symmetrisch ausgeschnittene Form zu zeigen.

DOPPELFALTUNG

Das Papier wird zweimal in Hälfte gefaltet. Schneiden Sie eine Form aus der Mitte des Quadrats ohne eine Falte oder Kante zu berühren.

SCHERENSCHNITTE

1 Um einen Innenschnitt zu beginnen, mit der Scherenspitze in die Mitte des zu entfernenden Papiers stechen. Die Schere herausziehen, die untere Klinge in das Loch einführen und die Form ausschneiden. Immer das Papier zur Schere hin in die bequemste Lage wenden.

2 Halten Sie das Trapezmesser wie einen Bleistift und schneiden Sie ohne hart aufzudrücken. Immer mit scharfer Klinge schneiden. Eine Schneidematte schützt die Unterlage und verhindert Abrutschen.

FINISH

Die Falten, die Sie zur Verfielfältigung Ihres Musters gemacht haben, sind nach dem Auffalten immer noch sichtbar. Sie können sie glätten, indem Sie das Papier ein oder zwei Tage in ein Buch unter ein schweres Gewicht legen. Oder den Scherenschnitt mit einem Blatt bedecken und mit einem kleinen Metallineal glätten.

GRUNDTECHNIKEN: STEMPELN

Stempeln ist ein schneller und wirksamer Weg, um ein Muster zu wiederholen. Nicht vergessen, dass Motive beim Stempeln umgekehrt werden. Benutzen Sie Ihren Stempel indem Sie ihn leicht auf ein Tintenpolster drücken oder Farbe auftragen. Es gibt Fertigstempel, aber sie sind auch einfach aus Schaumstoff, Schwamm, Linoleum oder Kartoffeln herzustellen. Ein Linoleumstempel ist einfach anzufertigen, aber.das Ergebnis kann überraschend kompliziert sein. Einfache Kartoffeldrucke sind auch erstaunlich wirkungsvoll.

DICHTE UND LEICHTE SCHWÄMME

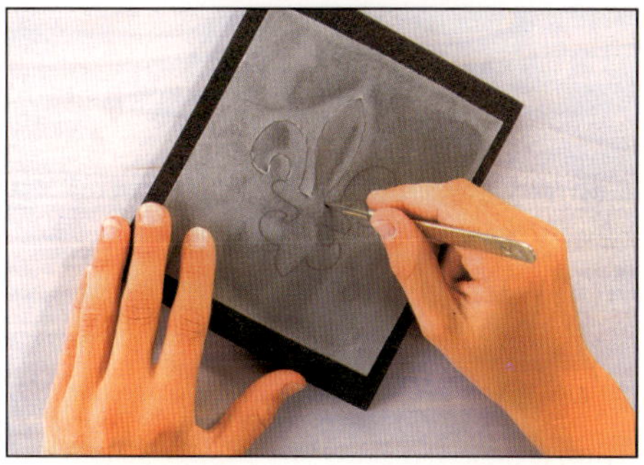

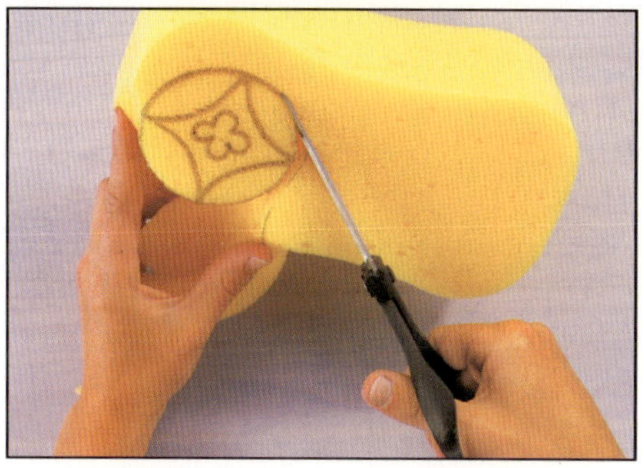

1 Detaillierte Entwürfe erst aufzeichnen, grob umschneiden, auf einem dichten Schwamm mit Sprühkleber auftragen. Mit dem Trapezmesser am Rand schneiden, dann den Hintergrund abtrennen.

2 Leichte Schwämme ergeben weichere Bilder. Den Entwurf mit Filzstift direkt auf dem Schwamm auftragen. Die Grundform mit scharfer Schere ausschneiden, dann den Hintergrund wegschneiden.

VERWENDUNG EINES LINOLEUMBLOCKS

1 Pausen Sie das Motiv durch, um es auf den Block zu ritzen. Ein Blatt Umdruckpapier, matte Seite unten, zwischen der Pause und dem Linoleum schieben, dann die Ränder mit Klebband festkleben. Die Linien mit spitzem Bleistift nachzeichnen, um den Entwurf aufzutragen.

2 Das Papier entfernen und um den Außenrand schneiden. Feinheiten und gerade Linien mit flachen, eckigen Schnitten von beiden Seiten einschneiden, dann V-förmige Teile ausheben.

3 Den Rest des Musters mit Linoleumwerkzeug schneiden, eine Linoleumschaufel, um große Stücke des Hintergrunds abzutragen und einen Hohlmeissel zum Schneiden von Details. Das Muster festhalten. Die freie Hand sicher hinter die Schneidenden setzen.

KARTOFFELSTEMPEL

Schneiden Sie eine Kartoffel in zwei Hälften. Zeichnen Sie ein Muster mit einem Filzstift. Mit dem Trapezmesser den Umriß schneiden und den Hintergrund wegschneiden. Da Kartoffelstempel nur begrenzte Haltbarkeit haben, das Muster aufheben, um es neu zu übertragen.

EINEN STEMPEL MIT FARBE BESCHICHTEN

1 Ein Pinsel eignet sich zum Auftragen von dicken Wasserfarben, wie Latex- oder Akrylfarbe. So lassen sich mehrere Farben sehr kontrolliert auf dem Stempel auftragen.

2 Man kann auch eine Walze verwenden. Etwas Farbe auf einen Teller geben und dann mit einer kleinen Walze mehrmals durchlaufen, bis sie gleichmäßig bedeckt ist. Erst auf Papier ausprobieren und dann auf den Stempel geben.

GRUNDTECHNIKEN: SCHABLONIEREN

Schablonieren ist nicht schwierig aber es lohnt sich zu üben. Dicke, trockene Farbe ist schwer gleichmäßig aufzutragen und dünnflüssige Farbe dringt unter die Schablone. Sehr wenig Farbe verwenden, stupfend und pinselnd auftragen und immer einen neuen Pinsel für jede Farbe benutzen. Formen können mit einer oder mehreren Farben aufgebaut werden. Wie die Farbe aufgetragen wird, wirkt sich stark auf das Ergebnis aus. Mit Übung erreichen Sie vom Sanften zum Betonten sehr unterschiedliche Ergebnisse .

AUSSCHNEIDEN VON SCHABLONENFORMEN

1 Die Vorlage mit Bleistift pausen und mit weichem Bleistift über den Rücken reiben. Die pausende rechte Seite auf die Pappe oder klares Acetat legen und auf den Originallinien mit hartem Bleistift zeichnen. Oder von freier Hand mit schwarzem Filzstift auf Acetat entwerfen.

2 Die Schablone auf die Schneide-matte kleben und mit Trapez-messer ausschnei-den. Schneiden Sie in einer kontinuier-lichen Bewegung auf sich zu. Wenn Sie an umständlichen Formen arbeiten, bewegen Sie Schneideunterlage und das Messer auf sich selber zu .

BLOCKSCHABLONE

Blockschablonieren besteht aus Ausfüllen großer Flächen mit einer Farbe. Die Farbe nicht zu stark auftragen und überschüssige Farbe mit Löschpappe entfernen. Beim Zweifarbenblock wird die erste Farbe nur in manchen Bereichen aufgetragen, z. B. zum Umranden der Flächen, die die zweite Farbe aufnehmen.

ROTIEREN

Unter Verwendung eines sehr trockenen Pinsels mit sehr kleiner Menge Farbe werden die Borsten rotiert, um ein leichteres, weicheres Aussehen zu erzeugen. Wenn Sie Schattierungen wünschen, die Farbe erst auf einer Seite der Schablone auftragen, dann einen etwas dunkleren Ton an den Rändern.

GROBRASTERUNG

Diese Methode benutzt mehr Farbe und weniger Druck als Rotieren oder Aufschlagen und sieht rauher aus. Etwas Farbe auf den Pinsel geben und leicht absetzen. Nicht zu oft über den Entwurf gehen, da dies den Effekt verdirbt. Es ist wichtig den größeren Teil der Farbe von den Borsten zu entfernen, ehe man anfängt.

AUFSCHLAGEN

Hier wurden die Blätter durch Rotieren eines sehr trockenen Pinsels gefärbt, aber für den Aufschlageffekt wurde etwas mehr Farbe auf dem Pinsel verwendet. Von der Mitte aus, die Farbe ein- oder zweimal auswärts aufschlagen. Nicht zu oft.

AUF UND AB STREICHEN

Dem Aufschlagen ähnlich. Mit etwas mehr Farbe auf dem Pinsel als beim Rotieren auf- und ab streichen, dann rechts und links. Die Linien senkrecht und waagrecht halten, um den Linieneffekt zu erhalten.

VERSETZEN

Die erste Farbe, die hell sein sollte, mit dem Blockeffekt auflegen. Die Schablone ein Paar Millimeter versetzen (hier nach rechts) und sie dabei nicht nach oben oder unten bewegen. Wieder blocken, aber mit dunklerer Farbe, für den Schatteneffekt.

GRUNDTECHNIKEN: ARBEITEN MIT PAPPE

Die kreative Verwendung von Pappe nimmt sprunghaft zu, besonders seitdem man sich der Notwendigkeit des Recyclings bewusst wird. Verfügbarkeit und Preis der Pappe, die meist zu 60% aus Recycling-Holzstoff besteht, macht sie zum idealen Werkstoff. Dazu kommt, dass der Umgang mit ihr einfach ist, kaum besonderer Fähigkeiten bedarf und keine aufwendiges Zubehör benötigt. Die folgenden, einfachen Techniken werden Ihnen beim erfolgreichen Umgang mit Pappe helfen.

FALTEN VON DICKER UND DÜNNER PAPPE

1 Um feine Pappe einzukerben, mit einem Metallineal entlang der Faltlinie auf ein Messer drücken und darauf achten, dass nicht zu tief eingeschnitten wird. Die Pappe sanft falten, wobei die eingeritzte Linie innen liegt.

2 Wenn die Falte den Wellen von dicker Wellpappe entlang laufen soll, einfach mit dem Daumen zwischen den Wellen fest eindrücken und falten. Aber nicht mit dem Nagel, da die Pappe reissen könnte.

3 Um saubere Faltung über den Wellen von dicker Pappe zu erhalten, mit einem stumpfendigen Holzlöffel oder einem Teigrad eindrücken. Die Löffelspitze entlang einem an der Faltlinie angelegten Lineal ziehen. Nicht die Pappe einreissen, sondern nur die Wellen glätten.

4 Um dicke Wellpappe entlang einer Drucklinie zu falten, ein Lineal fest an der Linie anlegen. Vorsichtig die Pappe auf der anderen Seite hochdrücken. Die Pappe mit der Handfläche halten, damit sie nicht an der falschen Stelle biegt.

VERBINDEN

Ein kleinen Teil des Bezugspapiers und der Wellen am Ende eines Streifens entfernen, damit nur eine Lage Bezugspapier übrigbleibt. Kleber auftragen und das Ende des anderen Streifens fest anliegend verbinden.

LOCHEN

Einen rotierenden Locher verwenden, um saubere Löcher in Pappe zu stanzen. Die Lage der Löcher merken, die richtige Einstellung aussuchen, fest zusammendrücken, etwas drehen, um richtig einzuschneiden.

KURVEN ZEICHNEN

Um gekurvte Formen herzustellen, die Kurve anzeichnen und auf der Pappe um eine Farbdose, Tasse oder einen Teller zeichnen.

VERSTÄRKUNG

Um Wellpappe zu verstärken, mehrere Lagen so zusammenlegen, dass die Wellen senk- und waagrecht gegeneinander verlaufen und so ihre Stärke vereinigen. Starken Kleber verwenden und vor dem Schneiden ganz trocknen lassen.

PAPIERMACHE

Papiermaché ist eine der einfachsten und befriedigsten Papierkünste. Sie verwendet Abfallprodukte und ist äußerst einfach herzustellen. Obwohl fast alle Papiersorten benutzt werden können, wird Zeitungspapier am häufigsten verwendet. Dank seiner Saugkraft ist es das ideale Medium für Kleber und Tapetenleim, die beiden anderen Hauptzutaten. Papiermaché kann zu sehr beständigen Strukturen, Gebrauchsgegenständen und schönen, dekorativen Objekten verarbeitet werden. Manche Künstler benutzen es sogar für große Skulpturen. Papiermaché ist bei abgedichteter Oberfläche einfach zu bemalen.

Die nachfolgenden Projekte zeigen, wie eine faszinierende Auswahl von nützlichen und schönen Objekten für zu Hause und als Geschenke, hergestellt und dekoriert werden kann: von kleinen Tellern und Schüsseln über Wandleuchter und Duftkugeln zu Papierkörben und Bildrahmen oder interessanten Schachteln. Es gibt auch interessante Vorschläge für Schmuck und Liebeszeichen, die jeder Empfänger schätzen würde. Wenn Sie die beiden Grundtechniken für den Umgang mit Papiermaché erlernt und etwas geübt haben, sind Ihrer Phantasie keine Grenzen mehr gesetzt.

BALLON-OBSTSCHALE

Ein Ballon ist eine gute Form für eine Papiermaché-Schale. Er wird entfernt, indem Sie ihn mit der Schere zerstechen. Ein eleganter Ständer aus einem Pappring bildet eine stabile Basis.

SIE BRAUCHEN

Material

Ballon
Zeitung
Tapetenleim
steife Pappe
Abdeckband
weiße Latexfarbe
Akrylfarbe
Akrylsprühlack

Zubehör

Behälter für Tapetenleim
Schere
Bleistift
Lineal
feines Sandpapier
kleiner Flachpinsel
mittlerer und feiner Haarpinsel
Behälter zum Farbenmischen

1 Den Ballon voll aufblasen, damit er eine feste Unterlage für das Papiermaché bildet. Zeitung in 2,5 cm große Streifen reissen und in Tapetenleim einweichen. Den Ballon mit fünf Lagen bedecken, den Knoten freilassen.

2 Das Papiermaché an einem warmen Ort ganz trocken lassen. Den Ballon mit der Schere zerstechen und entfernen. Die Schüssel auf die gewünschte Höhe trimmen.

3 Ein Pappstreifen von 13 cm Breite schneiden und 5 cm entfernt von einer langen Kante anzeichnen. Den Streifen in einen Ring biegen und mit Abdeckband befestigen. Dann 2 cm Fransen bis zur Linie schneiden.

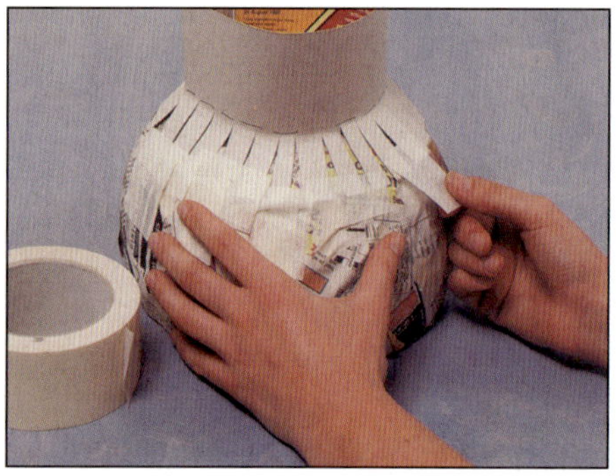

4 Schale aufrecht hinstellen, den Pappring zentrieren und die Fransen nach außen biegen. Den Ständer an allen Fransen mit Abdeckband an die Schale kleben.

5 Die Schale und den Ständer mit Papiermaché bedecken und ganz trocknen lassen. Einige Zeitungsblätter zusammenrollen und in feste Stricke wickeln, die lang genug sind, um den Fuß und den Rand der Schale zu bedecken.

6 Mit Abdeckband die Zeitungsstricke oben und unten am Fuß sowie am Rand anbringen. Mit mehreren Lagen Papiermaché bedecken und trocknen lassen.

7 Leicht mit feinem Sandpapier abreiben, dann innen und aussen mit zwei Schichten Latexfarbe grundieren. Trocknen lassen. Innen und außen mit Akrylfarbe dekorieren und mit Akryllack fixieren. Trocknen lassen.

DUFTENDE KUGELN

Einst glaubte man, dass die schon seit langem beliebten, wohlriechenden Kugeln gegen Krankheiten schützen. Diese zierlichen, bunten Duftkugeln verwenden Gummibälle als Formen. Der getrocknete Lavendel verbreitet einen herrlichen Duft.

SIE BRAUCHEN

Material

kleine Gummibälle
Zeitung
Klebepulverpaste
wiederverwendare Knete
Weißleim
Holzreste
Korken
Latexfarben: weiß und eine Farbauswahl
getrockneter Lavendel
dünnes Schmuckband
Perlenkopfnadeln

Zubehör

Vaseline
Behälter für Klebepaste
Eierbecher
Bleistift
Trapezmesser
Schneidematte
Ahle
mittlere Haarpinsel
Papiertrichter

1 Dünne Schicht Vaseline auf jeden Gummiball auftragen, damit das getrocknete Papiermaché sich leicht ablösen läßt.

2 Kleine, dünne Zeitungsstreifen reissen und mit Kleber bedecken. Jeden Ball mit 6 Lagen eindecken und in Eierbechern trocknen.

3 Wenn das Papiermaché trocken ist, genau in der Mitte eine Linie um jeden Ball zeichnen. Den Ball auf der Matte mit Knet befestigen und vorsichtig entlang der Linie schneiden, dabei nach Bedarf wenden. Die Papierschalen trennen und trocknen.

4 Wenn die Schalen trocken sind, mit Weißleim zusammenkleben und die Ränder genau zusammenpassen. Die Säume mit 2 Lagen kleinen, dünnen Papiermaché-Streifen bedecken und trocknen.

5 Jede Duftkugel auf Holz stellen und Löcher einstechen. Ein dünnes Stück Korken in vier Teile schneiden. Ein kleines Loch für den Korken unten in jede Duftkugel einlassen.

6 Die Duftkugeln mit weißer Latexfarbe grundieren, dann bunt anmalen. Dabei die Löcher aussparen. Mit dem Trichter den Lavendel einfüllen und mit dem Korken verschliessen. Ein Band um jede Duftkugel binden und mit etwas Weißleim und Perlennadeln befestigen.

FISCH-MUSTER-TELLER

Dieser schöne Papiermaché-Teller erhält seine Gestalt von einem als Form verwendeten Teller. Er wird in Linoleum-Technik mit bedruckten Decoupage verziert und dann durch Freihandzeichnungen verschönert.

SIE BRAUCHEN

Material

weißes Papier
Linoleum
Akrylfarben: himmelblau und ultramarin
Zeitung
Tapetenleim
weiße Latexfarbe
Alleskleber
Akrylsprühlack

Zubehör

dicker Filzstift
Pauspapier
harte und weiche Bleistifte
Linoleum-Schneidwerkzeug
Behälter zum Farbenmischen
mittlere und feine Haarpinsel
Scheren
Teller für die Form
Zellophan
Behälter für Tapetenleim
feines Sandpapier

1 Das Fischmuster auf Papier mit großzügigen Linien, die zu der Linoleum-Technik passen, entwerfen. Das Muster pausen und die Rückseite mit einem weichem Bleistift reiben. Auf Linoleum übertragen.

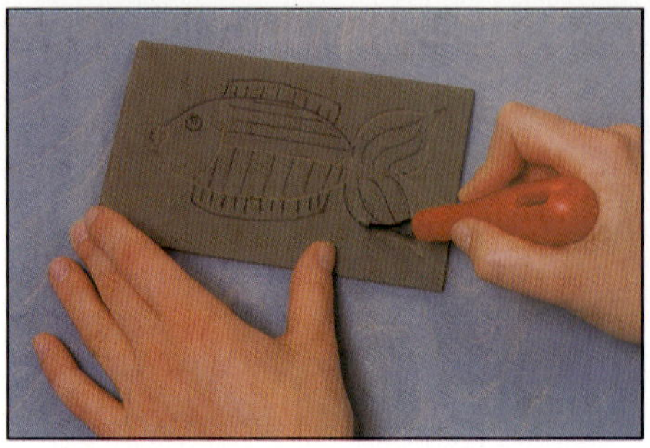

2 Mit Linoleum-Schneidewerkzeug das Fischmuster ausschneiden. Dabei nicht zu tief in das Linoleum einschneiden.

3 Das Linoleum mit großen Strichen himmelblau bemalen. Den Pinsel nicht zu sehr aufladen und die Farbe nicht in die Linoleumrillen fließen lassen.

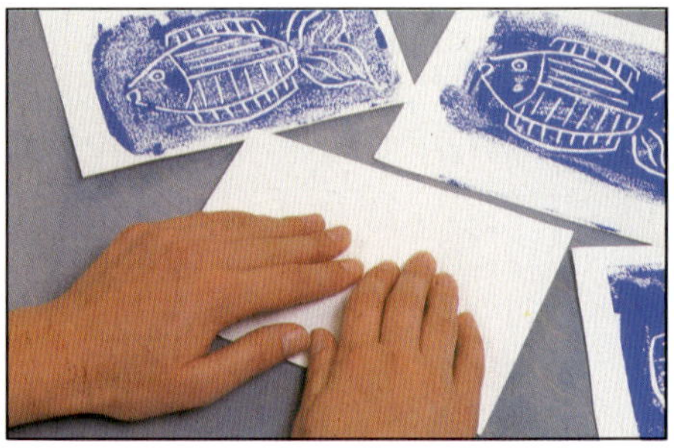

4 Ein Blatt Papier auf das Linoleum legen und gleichmäßig nach unten pressen. Wiederholen, bis genügend Abdrucke gefertigt sind.

5 Wenn die Farbe trocken ist, alle Fischdrucke mit der Schere ausschneiden und beiseite legen.

6 Den Teller mit Zellophan bedecken. Zeitung in 2,5 cm Streifen reissen und in Tapetenleim einlegen. Den Teller mit 5 Lagen Papiermaché bedecken und trocknen.

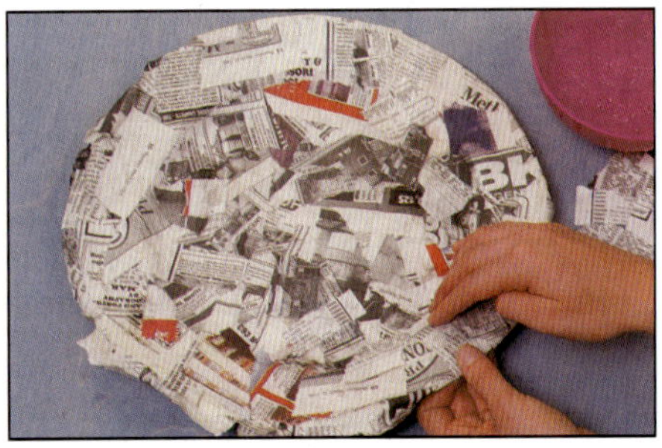

7 Das Papiermaché vorsichtig von der Form lösen und das Zellophan abnehmen. Den Tellerrand abtrimmen und beidseitig mit noch einer Lage Papiermaché sauber bedecken.

8 Wenn der Teller trocken ist, mit feinem Sandpapier glätten, beidseitig mit 2 Schichten weißer Latexfarbe bemalen. Trocknen, dann die Fischdrucke aufkleben.

9 Mit feinem Pinsel und ultramariner Akrylfarbe ein unregelmäßiges Fleckenmuster auf die weißen Bereichen auftragen. Trocknen lassen, dann beide Tellerseiten mit schützender Akryllackschicht bespritzen, nochmal trocknen.

HANDGEMACHTE PAPIER-KUGEL

Um diesen eleganten Lampenschirm anzufertigen, können Sie Seidenpapier mit faserigen Stücken, gemischt mit handgemachtem Papier und getrockneten Blumen und Blättern verwenden. Oben auf der Ballonform gleichmäßig auflegen, aber zum Knoten hin verdünnen.

SIE BRAUCHEN

Material

Ballon
Tapetenleim
handgemachtes Papier und Blätter
beiges oder weißes Seidenpapier
Gaze
Pappring von gleicher Größe wie Beleuchtung
Alleskleber
Lampenfassung

Zubehör

Behälter für Tapetenleim
kleiner Malerpinsel
Nadel
Schere

1 Ballon voll aufblasen, damit er eine feste Unterlage für das Papiermaché bildet. Tapetenleim auf das Papier auftragen, und, oben anfangend, kreuz und quer überlappend auf dem Ballon auflegen.

2 Die oberen zwei Drittel des Ballons mit 3 Lagen Papier, Seidenstoff und Gaze bedecken. Ganz trocknen (kann mehrere Tage dauern). Ballon mit Nadel zerstechen und entfernen.

3 Oben ein kleines Loch für die Beleuchtung einschneiden.

4 Das Loch durch Ankleben des Papprings innen am Schirm verstärken. Die beiden Hälften der Lampenfassung zusammenschrauben und von einem Elektriker installieren lassen.

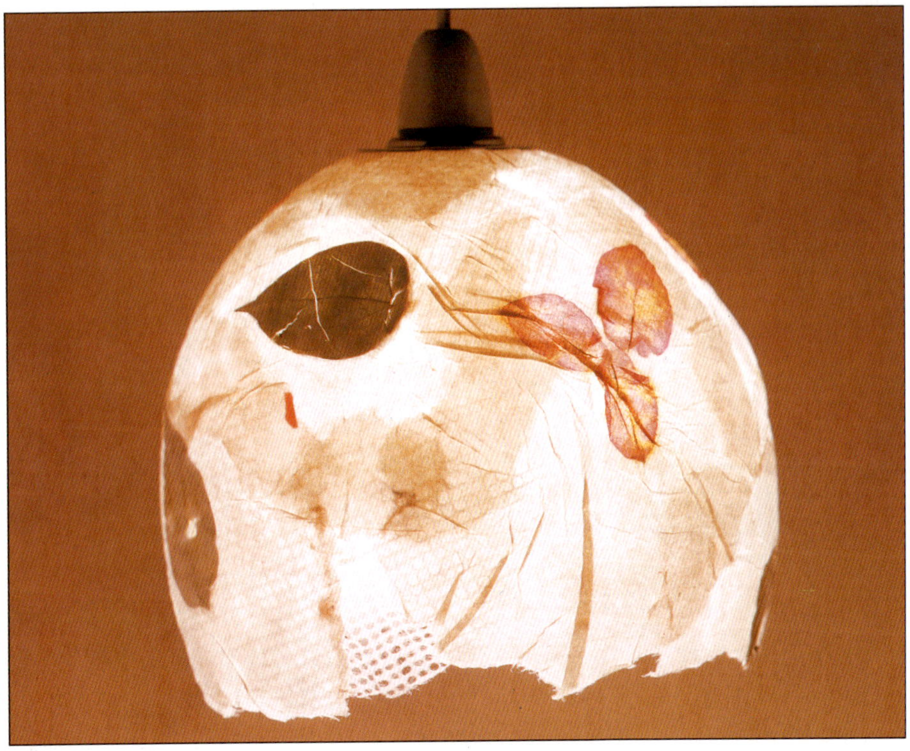

DEKORATIVER TELLER UND SCHÜSSEL

Da es aus Recyclingpapier hergestellt wird, ist Papiermaché billig und einfach zu verarbeiten, bietet dafür aber überraschend schöne Resultate. Auf den gezeigten Stücken können Sie keine Speisen servieren , aber sie sind eine ansprechende Tischdekoration und können Gästen auch als Gastgeschenk überreicht werden.

SIE BRAUCHEN

Material

viel weißes Packpapier
Tapetenleim
weiße Latexfarbe

Zubehör

Teller und Schüssel für Formen
Zellophan
Gebäckpinsel oder Ähnliches
kleiner Flachpinsel

1 Papier in Streifen schneiden. Teller und Schüssel zum Schutz mit Zellophan bedecken. Tapetenleim mit dem Gebäckpinsel auf das Zellophan auftragen.

2 Papierstreifen auf das Zellophan legen und kleben. Noch eine Lage Papier auflegen. Gründlich trocknen. Wiederholen, bis die gewünschte Dicke erreicht ist. Gründlich trocknen. Das kann mehrere Tage dauern, je nachdem wie stark das Papiermaché werden soll.

3 Sehr vorsichtig die Papiermaché-Schüssel und den Teller von ihren Unterlagen entfernen, dann mit einer gleichmäßigen Lage matter, weißer Latexfarbe anmalen. Dabei den kleinen Flachpinsel verwenden. Teller und Schüssel trocknen lassen.

LIEBESZEICHEN-SCHÄLCHEN

Dieses Schälchen wird mit einer sehr einfachen Papiermaché-Technik hergestellt, aber das Muster verleiht ihm etwas Besonderes. Es eignet sich als Geschenk für den Valentinstag und kann z. B. als Schale für Schokolade oder Schmuck verwendet werden.

SIE BRAUCHEN

Material

Zeitung
Papiermaché-Brei
Weißleim
weiße Akrylgrundierung
Abdeckband
Gouache- oder Akrylfarben : blau, weiß, rot, gelb und gold
klarer Glanzlack

Zubehör

Schälchen für die Form
Vaseline
Behälter für Weißleim
mittlerer und feiner Haarpinsel
Pauspapier
Bleistift
Schere
Behälter zum Farbenvermischen

1 Schälchen mit Vaseline und mit Zeitungsstreifen bedecken. Eine Lage Papier-maché-Brei in das Schälchen drücken, trocknen. Dann den Brei herauslösen und mit in Weißleim getauchten Zeitungsstreifen bedecken. Wieder Trocknen.

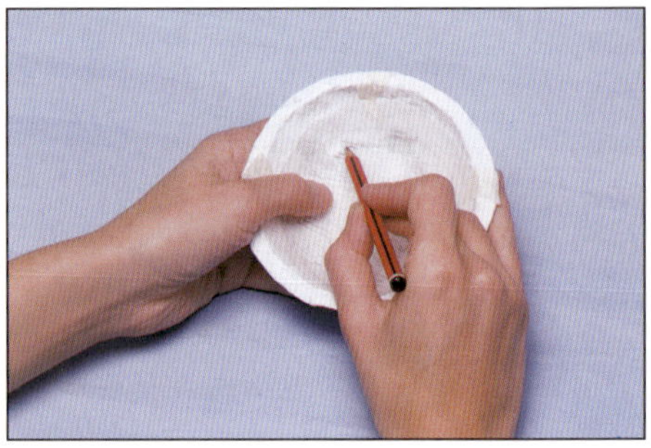

2 Das Papier-mâché-Schälchen mit weißer Grundierung bemalen. Die Form abzeichnen, nach Bedarf erweitern. Kanten abschneiden, damit die Form flach in das Schälchen passt, dann den Umriss übertragen.

3 Den Hintergrund hellblau anmalen, hellere Töne für meliertes Aussehen auftüpfeln.

4 Muster mit Mischfarben aufmalen, Rand mit Goldfarbe streichen. Trocknen und fixieren.

APFELSINENSCHALE

Alte Zeitschriften aufheben, damit Sie oranges und gelbes Papier für diese Papiermaché-Schale haben: sie soll wie eine Apfelsine aussehen, außen einfach, aber innen gemustert.

SIE BRAUCHEN

Material

alte Zeitungen in Streifen
Tapetenleim
hauptsächlich gelbe und orange Seiten aus Zeitschriften
einfaches, oranges Packpapier
Glanzlack
Goldfarbe

Zubehör

große Schüssel für Form
Vaseline
Behälter für Tapetenleim
Schere
mittlere und feine Haarpinsel

1 Innenseite der Schüssel mit Vaseline bestreichen. Zeitungsstreifen in Tapetenleim einlegen. Das Innere der Schüssel mit mindestens 10 Lagen auslegen. Ganz trocknen lassen, dann vorsichtig von der Form lösen.

2 Magazinstreifen in lange, dünne Dreiecke reissen und innen in die Schüssel einkleben, so dass sie sich nach unten zuspitzen.

3 Die Schüssel außen mit Streifen aus einfachem, orangen Packpapier bekleben, deren Ränder sich dabei überdecken.

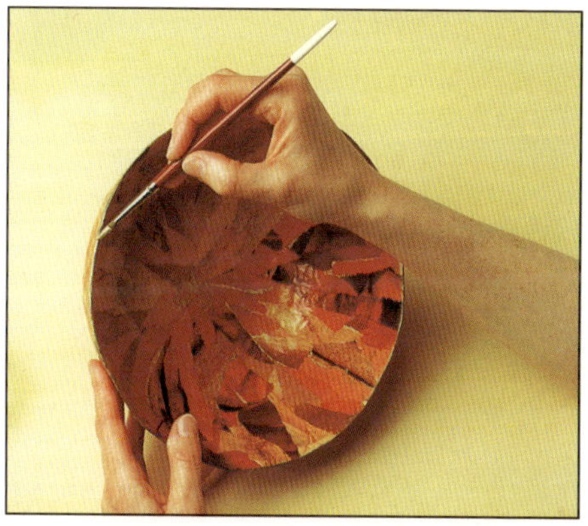

4 Schüssel ganz trocknen lassen, dann die obere Kante mit der Schere abtrimmen. Mit Schutzschicht aus Lack versehen. Dünne Goldlinie auf die Kante aufmalen.

DEKORATIVER RAHMEN

Dieser Rahmen wird auf einer vor dem Falten mit dem Messer einkerbten Pappunterlage aufgebaut. Das Papiermaché wird hinzugefügt, und der Rahmen wird mit selbsthärtendem Ton dekoriert. Die Farben sind grell. Es können auch weichere Farben benutzt werden.

SIE BRAUCHEN

Material

Pappe
Abdeckband
Draht
Tapetenleim
Zeitung
weiße Latexfarbe
selbsthärtender Ton
Plakatfarben: königsblau, lila und gelb
klarer Lack
Weißleim

Zubehör

Bleistift
Pauspapier
Lineal
Trapezmesser
Behälter für Tapetenleim
große und mittlere Haarpinsel
Werkzeug zum Tonmodellieren

1 Das Muster aufzeichnen und aus der Pappe schneiden. Die Mitte ausschneiden und aufheben. Sie wird später als Bildunterlage verwendet. Mit dem Trapezmesser die vorgezeichnete Linie einkerben. Vorsichtig, nicht durchschneiden!

2 Jede Klappe an den Ritzungen nach innen falten und den Rahmen mit Abdeckband zusammenkleben.

3 Ein Drahtstück hinten mit Abdeckband anbringen. Den Tapetenleim nach den Anweisungen des Herstellers zubereiten.

4 Die Zeitung in 2,5 cm große Stücke zerreisen. In Leim tauchen und auf den Rahmen stecken, bis er hinten und vorne bedeckt ist.

5 Mit weißer Latexfarbe vorstreichen und trocknen. Einen zweiten Anstrich auftragen, damit der Rahmen undurchsichtig ist. Trocknen lassen.

6 Die Vorderseite mit selbsthärtendem Ton dekorieren. Herzen mit der Hand gestalten und auf den Rahmen drücken. Festhalten, indem die Seite mit dem Modellierwerkzeug geglättet wird.

7 Den Rahmen mit Plakatfarbe bemalen und trocknen, dann lackieren. Dann das Bild auf die in Schritt 1 beiseitegelegte Pappe stecken und mit Kleber oder Abdeckband am Rahmen befestigen.

SCHATZ-KISTE

Das raffinierte Aussehen dieser Schachtel verbirgt eine einfache Konstruktion. Sie muss aber genau gemessen und geschnitten werden. Die delikate Oberfläche entsteht durch Bemalen in drei Farben, die durch Überdecken und Abreiben gealtert werden. Sanfte Farbmotive und Collagestücke betonen das Aussehen.

SIE BRAUCHEN

Material

A2-Blatt Fotokarton
Weißleim
Abdeckband
Zeitung
Tapetenleim
weiße Latexfarbe
Gouachefarbe in mehreren Tönen
interessante Papierstücke
matter Akryllack
Zierknöpfe

Zubehör

Metalllineal
Zeichendreieck
Bleistift
Trapezmesser
Schneidematte
Behälter für Kleber
Pinsel für Weißleim
mittlerer und feine Haarpinsel
feines Sandpapier
Behälter zum Farbenmischen

1 Für den Boden zwei Stücke Fotokarton (11,5 x 16,5 cm) schneiden und zusammenkleben. Mit dem Metalllineal und Bleistift vor-sichtig messen und die Stellung der Wände und Ab-teilungen wie folgt einzeichnen. Ein Rechteck 1,5 cm von den Kanten der Basis zeichnen. Ein zweites Rechteck, das rundherum 2 mm kleiner ist, einzeichnen. Dieses Rechteck wird in 8 Teile gleicher Größe unterteilt.

2 Drei Streifen Fotokarton (13,5 x 2,5 cm) schneiden. Einen Streifen der Mitte entlang auf den Boden kleben, die beiden anderen Streifen an den Rändern des inneren Rechtecks anbringen. Zwei weitere 2,5 cm breite Streifen für die Endwände des inneren Rechtecks schneiden. Einkleben.

3 Vier Streifen zu 3 cm Breite für die Wände des größeren Rechtecks schneiden. Drei der Streifen wie zuvor einkleben. Acht Stücke, die 2,5 cm breit sind, für die Teile abmessen, schneiden und im inneren Rechteck einkleben. Die übrigen beiden Streifen an den Seiten der Schachtel einkleben.

4 Vier Streifen zu 3 cm Breite für die äußeren Wände schneiden und einkleben. Vier Streifen, die in den Raum zwischen den Teilen und der äußeren Wand passen, schneiden und einkleben.

5 Für den Deckel zwei Rechtecke, die rundherum 3 mm kleiner als die obere Schachtel-öffnung sind, ausschneiden und zusammenkleben. Eine Linie 2 mm von der Kante rundherum auf den Deckel zeichnen. Vier Stücke zu 3 mm, die innerhalb der Bleistiftlinie passen, schneiden und einkleben, um einen Deckelabsatz zu fertigen.

6 Mit Blei und Lineal die Oberseite des Deckels vierteilen. Ein kleines Rechteck ausschneiden, um einen Vorsprung für den Knopfgriff zu schaffen. Eine Kerbe für die Knopfbefestigung in das Rechteck schneiden.

7 Zeitung in 2,5 cm Stücke reissen. In den Leim eintauchen und die ganze Schachtel einschließlich Deckel belegen. Zwei Lagen sanft auf die Oberfläche kleben. Gründlich trocknen lassen.

8 Schachtel und Deckel mit weißer Latex-farbe grundieren. Wenn trocken, eine Lage Türkis aus Gouache- und weißer Latexfarbe gemischt auftragen. Eine hellere, blaugrüne Farbe folgt, danach Ocker. Mit trocknem Pinsel auftragen und trocknen lassen. Leicht mit Sandpapier abreiben.

9 Die Papierstücke auf die Schachtel- und Deckeloberfläche aufkleben. Dekorative Motive schwach mit Bleistift aufzeichnen, dann mit Gouachefarbe ausfüllen. Wenn beide trocken sind, mit Akryllack abdichten. Schließlich den Knopf oben ankleben.

ANTIKE VASE

Diese stattliche Vase beweist, daß Papiermaché fast alles verkleiden und beleben kann. Sie ist auf Ballons und Joghurttöpfen aufgebaut. Die letzte Lage aus naturfarbigem Recyclingpapier verleiht ihr ein steinartiges Aussehen, das Schnurmuster abrunden.

SIE BRAUCHEN

Material

Ballon
Zeitung
Weißleim
Pauspapier
schwere Wellpappe
dicke Baumwollschnur
1 großer und 1 mittlerer Joghurttopf
Abdeckband
starker, klarer Kleber
dekoratives Recyclingpapier
Naturfaserschnur

Zubehör

kleine Schüssel
Behälter für Weißleim
Bleistift
Trapezmesser
Schneidematte
kleiner Flachpinsel
Schere
feines Sandpapier

1 Ballon aufblasen und auf kleine Schüssel setzen. Zeitung in 2,5 cm Streifen reissen, mit verdünntem Weißleim bedecken und den Ballon mit 5 Lagen Papiermaché bedecken. An einem warmen Ort trocknen.

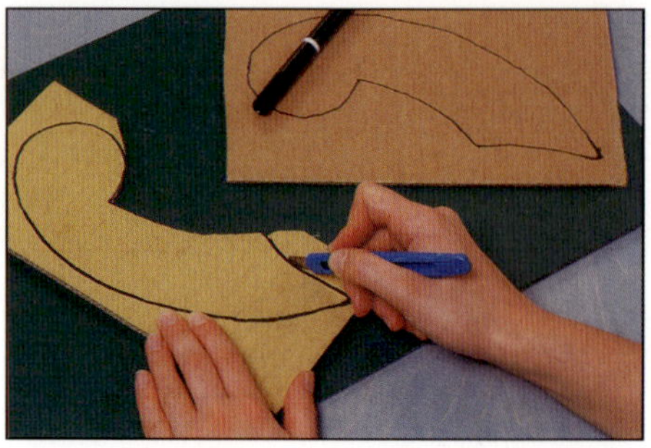

2 Das Griffmuster zweimal abzeichnen und auf die schwere Wellpappe übertragen. Auf der Matte mit dem Trapezmesser ausschneiden. Zum Abdichten verdünnten Weißleim auf die Griffe streichen. Gründlich trocknen lassen.

3 Die Griffe mit 4 Lagen Papiermaché bedecken, dabei die Streifen sauber über die Kanten legen, damit sie ihre Form behalten. Über Nacht trocknen lassen.

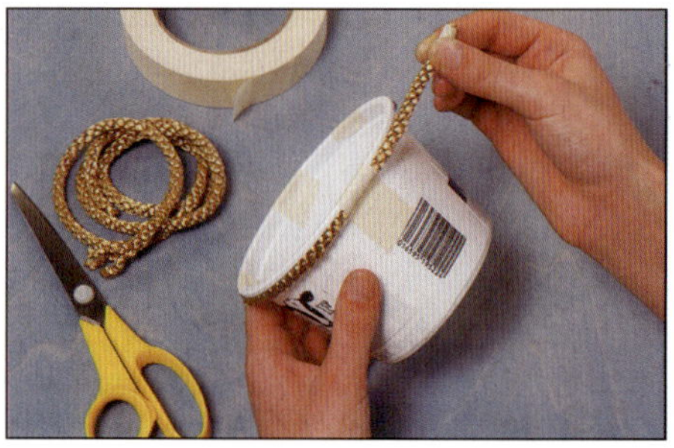

4 Lange Baumwollschnüre, die um den oberen Teil der Joghurtbehälter passen, schneiden. Mit Klebeband befestigen, um deutliche Absätze am Hals und Fuß zu schaffen.

5 Mit schmalen Zeitungsstreifen 5 Lagen Papiermaché auf die Joghurttöpfe auftragen. Über Nacht trocknen lassen. Wenn es trocken ist, die Böden aus den Töpfen schneiden.

6 Den Ballon zerstechen und aus dem Papiermaché ziehen. Den größeren Topf auf das breitere Ballonende setzen. Um die Innenseite des Topfs eine Linie zeichnen und ausschneiden.

7 Das schmale Ende der Ballonform auf den kleineren Joghurttopf setzen und mit Band befestigen. Den größeren Joghurttopf auf gleiche Weise oben an der Vase anbringen, dann die Griffe hinzufügen.

8 All Säume mit 3 Lagen Papiermaché bedecken. Über Nacht trocknen. Das Recyclingpapier in kleine Streifen reissen und mit verdünntem Weißleim bedecken. Die Vase ganz mit einer Lage Papiermaché eindecken. Trocknen lassen.

9 Die Oberfläche leicht mit Sandpapier glätten. Linien für die Schnurdekoration zeichnen. Die Vase auf einer kleinen Schüssel abstellen. Unverdünnten Weißleim auf die zu bemalenden Stellen streichen and die Schnur über die Linien legen.

STERN-KNÖPFE

Dekorative Knöpfe beleben die einfachste Tür oder Schublade. Die Knöpfe bestehen zwar ganz aus Seidenpapierbrei, aber getrocknet sind sie sehr stabil. Sie werden mit einer Schraube befestigt und aus Paketschnur und etwas Goldfarbe fertiggestellt.

SIE BRAUCHEN

Material

Seidenpapier
Weißleim
Zeitung
weiße Latexfarbe
grobe Schnur
Akrylgoldfarbe

Zubehör

Behälter für Weißleim
Drahtgestell
Holzreste
Ahle
Bleistift
für jeden Knopf eine 50 x 3 mm Gewindeschraube und 3 Muttern
feines Sandpapier
mittlerer Haarpinsel
Schere
Klammer
Handbohrer

1 Ein Blatt Seidenpapier leicht zu einen Ball verkrempeln und in verdünntem Weißleim eintauchen, bis er ganz durchgeweicht ist.

2 Überschüssigen Kleber ausdrücken und den Ball mit der Hand ein Paar Sekunden kneten, damit er matschig und breiig wird.

3 Um einen Knopf herzustellen, den Breiklumpen zwischen Daumen und übrigen Fingern zu einer Scheibe pressen. Sanft zwischen den Fingern drücken, bis das Papier glatt ist. Auf einem Drahtgerüst etwas trocknen.

4 Kleine Stückchen Seidenpapier abreissen und in Weißleim tauchen. Drücken und zwischen den Fingern rollen, um spitze Formen zu schaffen. Die Spitzen fest in die Scheiben drücken. Gründlich auf dem Drahtgestell trocknen.

5 Die Knöpfe mit einer Lage kleiner Papiermaché-Streifen bedecken. Wenn trocken, auf das Holz setzen und mit der Ahle ein Loch stoßen. Das Loch mit dem Bleistift erweitern, bis die Schraube durchpasst.

6 Eine Schraube durch die Lochmitte führen und mit der entsprechenden Mutter befestigen. Den Schraubenkopf mit 2 Lagen Papiermaché-Streifen bedecken und trocknen lassen.

7 Jeden Knopf leicht absanden, dann mit 2 Schichten weißer Latexfarbe vorbemalen, wobei die erste Lage gründlich vor dem Auftrag der zweiten trocknen muß.

8 Etwas unverdünnten Weißleim auf die Mitte des Knopfes geben und eine spiralförmig gerollte Schnur als Dekor auflegen.

9 Die Enden mit Goldfarbe bemalen. Die Mitte jeder Schublade kennzeichnen. Die Schublade gründlich einspannen und ein Loch bohren. Eine Mutter auf das Schraubengewinde drehen. Schraube in das Loch einsetzen und mit der Mutter befestigen.

LIEBES-HERZ-RAHMEN

Diese Rahmen bestehen aus breiigem Löschpapier, das geformt und dann getrocknet ein überraschend starkes Material ergibt. Sie können dekorierbares Bunt- oder Weißpapier verwenden.

SIE BRAUCHEN

Material

A2-Blatt buntes Löschpapierfür jedes Herz
Aluminiumfolie
1 große und 1 kleine Flaschenkapsel für jedes Herz
Papierband
Alleskleber
Klebeband
Bild

Zubehör

hitzefeste Schüssel
Verdünner (wahlweise)
kleine herzförmige Keksformen
Pinsel für Kleber

1 Das Löschpapier in Stücke reissen und in Schüssel legen. Mit kochendem Wasser übergießen und abkühlen. Papier mit den Händen zerkleinern und Verdünner zugeben. Überschüssiges Wasser abkippen.

2 Kleine Keksformen sind zum Gestalten der Herzen gut geeignet. Formen mit Folie auslegen.

3 Flaschenkapsel in die Mitte der Form setzen und den Brei einfüllen. Soviel Wasser wie möglich heraus-drücken und mehr Brei einfüllen.

4 Wenn der Brei auf der Höhe wie des Kappenrandes ist, eine größere Kappe mittig oben aufsetzen. Mehr Brei bis an den oberen Rand der Form zugeben, überschüssiges Wasser abkippen.

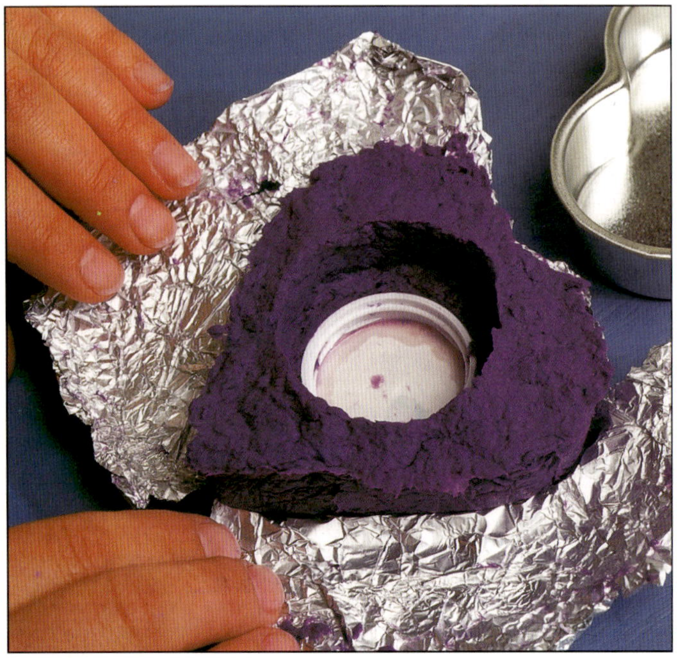

5 Die Folie vorsichtig von der Form abheben. Den Brei 2 bis 3 Tage an einem warmen Ort oder im Ofen trocknen. Flaschenkappen entfernen.

6 Eine Papierbandschlaufe hinten an jeden Rahmen befestigen und das gewünschte Bild einkleben.

KARIERTE TÜREN

Sie können einen langweiligen Badezimmer- oder Küchenschrank mit nur wenigen Lagen Seidenpapier und handgemachtem Papier in ein dekoratives Möbel verwandeln. Mit verdünntem Lack versiegeln, um das Papier brauchbar zu machen und ihm eine durchleuchtende, interessante Struktur zu verleihen. Sammeln Sie Papier, das dem bestehenden Dekor ähnelt und experimentieren Sie mit verschiedenen Farben, Formen und Mustern.

SIE BRAUCHEN

Material

Akryl-Holzgrundierung
weißes Seidenpapier
Weißleim
handgemachtes Papier: ocker und braun
Blatt japanisches Seidenpapier
dünne Wellpappe
buntes Seidenpapier
matter Öllack
Terpentin

Zubehör

feines Sandpapier
kleiner und mittlerer Flachpinsel
Behälter für Weißleim
Metalllineal
Schere
dünne Gummihandschuhe

1 Vorn und an den Seiten jeder Tür leicht sanden. Holzgrundierung auftragen und gründlich trocknen.

2 Weißes Seidenpapier zerreissen. Eine Lage vorn auf der Tür mit Weißleim auftragen.

3 Innenumfang der Tür messen und mit dem Metall-lineal große Quadrate aus ockergelbem und braunem Papier reissen, um es in die Vertiefung einzufügen. Braune Stücke aufheben.

4 Mit Weißleim und Pinsel die gelben Quadrate vorn in einem karierten Muster aufsetzen. Ein Rechteck aus japanischem Seidenpapier von gleicher Größe wie die innere Türplatte abreissen und über die gelben Quadrate kleben, um die Farbe abzudämpfen.

5 Kleine Pappquadrate ausschneiden und mit unverdünn-tem Weißleim um den Türrahmen als Umrandung aufkleben.

6 Unregelmäßige Streifen aus buntem Seidenstoff reissen und mit Weißleim über die Pappquadrate und Seiten der Tür kleben.

7 Kleine Quadrate aus braunem und gelben handge-machten Papier reissen. Mit Weißleim auf die Mitte der Pappquadrate in wechselnden Farben aufkleben.

8 Die großen braunen Papier-quadrate zwischen die gelben Quadrate in die Türvertiefung kleben. Schmale Streifen desselben Papiers abreissen und auf die Innenseite der Vertiefung kleben. Trocknen lassen. Dabei Handschuhe tragen und nur in gut entlüfteten Räumen arbeiten, Lack mit Terpentin 2 zu 1 verdünnen, dann die Tür mit 2 Lagen beschichten.

DECOUPAGE PAPIER-KORB

Braunes Paketpapier wird für die oberste Papiermaché-Schicht des stabilen Behälters verwendet und bietet einen perfekten Hintergrund für die Decoupage aus goldfarbigem Geschenkpapier. Die Größe und das Muster ändern, um dem Korb Tiefe und Textur zu verleihen.

SIE BRAUCHEN

Material

schwere Wellpappe
gummiertes Papierband
Weißleim
Papier
Tapetenleim
braunes Packpapier
Bogen goldfarbiges Geschenkpapier
Akryl-Sprühlack

Zubehör

Zirkel
Bleistift
Metalllineal
Trapezmesser
Schneidematte
Schwamm
großer Flachpinsel
Behälter für Weiß- und Tapetenleim

1 Mit dem Zirkel einen Kreis mit 13 cm Radius auf Pappe malen. Dann den Umfang in 6 Teile unterteilen. Den Radius des Zirkels auf 6 cm reduzieren und 6 überschneidende Bögen zeichnen und den Kreis in zwölf Teile teilen. Die Punkte zu einem Zwölfeck verbinden und mit dem Trapezmesser ausschneiden.

2 Ein Stück Wellpappe (78 x 35 cm) ausschneiden. (Die Wellen sollten senkrecht am Korb herunterlaufen.) In 12 Abschnitte zu 6 cm teilen, und mit dem Lineal eine Linie 5 cm vom oberen Rand ziehen. An den Linien einkerben.

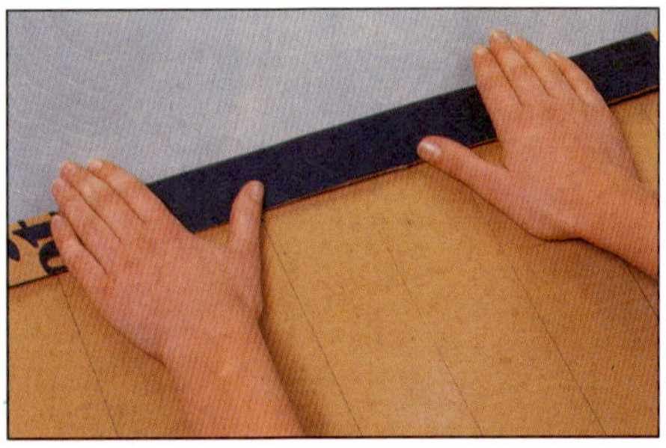

3 Den 5 cm langen Streifen über die Oberseite falten, um den oberen Rand des Korbs herzustellen.

4 12 Stücke Klebeband schneiden und an jede Seite der Basis stecken, dabei mit Schwamm anfeuchten.

5 Den Boden umdrehen und Klebeband verwenden, um die Seiten anzubringen, dabei die Seiten entlang der gekerbten Linien biegen.

6 Klebeband verwenden, um den Seitensaum anzubringen, dabei das Band über die obere Kante und entlang der Innenseite führen. Mit verdünntem Weißleim abdichten.

7 Etwas Papier in Streifen reissen und in Tapetenleim einweichen. Vier Lagen Papiermaché innen und außen auftragen. Trocknen lassen. Eine letzte Lage Papiermaché aus braunem Packpapier auftragen. Trocknen lassen. Zum dekorieren Geschenkpapierbilder verwenden.

8 Die Bilder mit unverdünntem Weißleim ankleben und auf dem Korb nach Belieben anordnen.

9 Einige schmale Streifen Geschenkpapier abreissen und diese auf dem Korbrand und der Linie unter dem erhöhten Rand stecken. Den Korb beidseitig mit einer Schicht Akrylsprühlack schützen. Trocknen lassen.

LAUB-WAND-TAFEL

Papiermaché-Tafeln und andere Ornamente waren im 19. Jahrhundert, als aufwendige Putz- und Stucknachahmungen geschaffen wurden, sehr beliebt. Diese Tafeln sind weniger stark verziert als ihre Vorgänger, können aber einem Türrahmen schlichte Eleganz verleihen.

SIE BRAUCHEN

Material

schwere Wellpappe
Weißleim
dicke Baumwollschnur
Abdeckband
Zeitung
Latexfarben: weiß und blau
Vaseline

Zubehör

Schere
kleiner Flachpinsel
Behälter für Weißleim
Plastikbogen
Metalllineal
Bleistift
Locher
Pauspapier
Schneidematte
Trapezmesser
feines Sandpapier
weiches Tuch

1 Für die Seite und das obere Teil der Tür 3 Papptafeln, die um die Tür passen, ausschneiden. Beide Seiten von jeder Tafel mit verdünntem Weißleim bestreichen und zum Trocknen auf Plastik legen.

2 Linie entlang der Mitte jeder Tafel zeichnen. Alle 15 cm einen Punkt auf der Linie abmessen und einzeichnen.

3 Etwas unverdünnten Weißleim auf die Punkte geben. Baumwollschnur für jede Tafel schneiden und in einer Wellenlinie, die zwischen den Klebstofflecken hin und her läuft, befestigen. Die Schnur mit Abdeckband in Stellung halten. Die Tafeln Ende zu Ende legen, um sicher zu sein, dass eine durchlaufende Welle entsteht.

4 Das Blattmuster abzeichnen und vier Mal für jede Pappe übertragen. Die Pappe auf eine Schneidematte legen und vorsichtig alle Blätter mit dem Trapezmesser ausschneiden. Die Blätter in gleichen Abständen entlang jeder Tafel ankleben. Zeitung in 2,5 cm Streifen reissen, in verdünntem Weißleim eintauchen und jede Tafel mit 3 Lagen bedecken. Zum Trocknen auf Plastik legen.

5 Jede Tafel sanft mit feinem Sandpapier abreiben. Die Tafeln mit zwei Schichten weißer Wasserfarbe grundieren und gründlich trocknen lassen.

6 Die Vorderseite jeder Tafel mit einer Schicht blauer Wasserfarbe anmalen. Gründlich trocknen lassen.

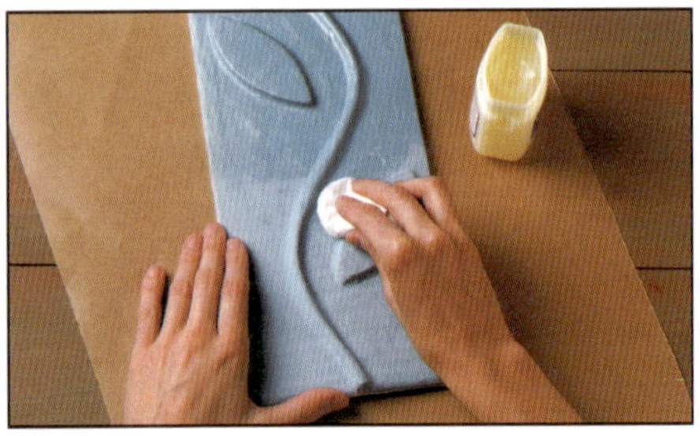

7 Mit einem weichen Tuch eine sehr dünne Schicht Vaseline auf die Vorderseite der Tafeln geben.

8 Jede Tafel mit zwei Schichten Latexfarbe bemalen, dabei die blaue Fläche ganz bedecken. Gründlich trocknen lassen.

9 Jede Tafelfläche sehr leicht mit feinem Sand-papier abreiben, damit blaue Flecken erscheinen. Die Tafeln um den Türrahmen mit Weißleim anbringen.

SCHIFF AN DER WAND

Dieser muntere Wandschmuck ist ein sicherer Aufbewahrungsort für allerlei wichtige, kleine Dinge, die sonst leicht verschwinden. Im Badezimmer aufgehängt ist es ideal, um Nagellack und Watte aufzuheben.

SIE BRAUCHEN

Material

Ballon
Zeitung
Tapetenleim
schwere Wellpappe
Weißleim
Abdeckband
weiße Latexfarbe
Akrylfarbe
Akrylsprühfarbe
Aufhängeöse

Zubehör

Behälter für Tapetenleim
starke Schere
Filzstift
Lineal
kleiner Flachpinsel
feines Sandpapier
feiner Haarpinsel
Behälter zum Farbenmischen

1 Den Luftballon voll aufblasen, damit er eine feste Form für das Papiermaché bildet. Zeitung in 2,5 cm Streifen schneiden und in Tapetenleim einweichen. Zwei Drittel des Ballons mit 5 Lagen Papiermaché bedecken.

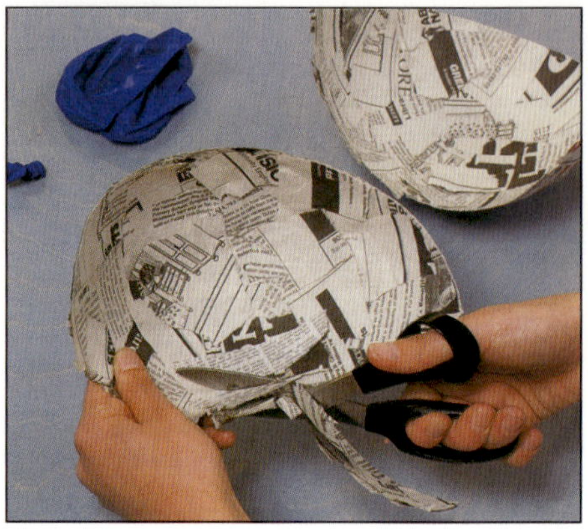

2 Die Papiermaché ganz trocknen lassen. Den Ballon zerstechen und entfernen. Mit großer, starker Schere die Schale oben gleichmäßig abtrimmen, dann halbieren.

3 Mit einem Filzstift Mast, Segel und Kajüte auf Pappe zeichnen. Die halbe Schale anlegen und den Schiffsbug nachzeichnen.

4 Das Schiff mit der Schere ausschneiden. Die Pappe mit einer Schicht verdünntem Weißleim abdichten und trocknen lassen.

5 Mit Abdeckband die Papiermaché-Schale an der Pappform befestigen. Die Segel und den Rücken des Schiffs mit Papiermaché-Lagen bedecken und eine weitere Lage auf die Schale geben. An einem warmen Ort ganz trocknen lassen.

6 Mit feinem Sandpapier leicht abreiben, dann mit zwei Lagen weißer Latexfarbe grundieren. Trocknen lassen, dann mit Akrylfarbe bemalen.

7 Die Öse oben am Mast anbringen. Das Schiff mit Lack besprühen.

TAG-UND NACHT-MOBILE

Goldene Sonnen und blaue Monde kontrastieren in diesem schönen Mobile. Dieses anspruchsvolle Mobile passt in jedes Zimmer.

SIE BRAUCHEN

Material

Wellpappe
Zeitung
Abdeckband
Tapetenleim
kleine Messingringe zum Einschrauben
Epoxidkleber
Weißleim
weiße Latexfarbe
Gouachefarben: blau, silber, orange, rot und weiß
glänzende und matte Lacke
Goldemaillefarbe
kleine Schmuckringe
Aufhängedraht

Zubehör

Bleistift
Trapezmesser
Behälter für Tapetenleim
mittlerer und feiner Haarpinsel
Behälter zum Farbenmischen

1 Sonnen, Sterne und Monde auf Wellpappe zeichnen und mit scharfem Trapezmesser ausschneiden.

2 Die Formen grob mit zerknüllten Zeitungen ausfüllen. Abdeckband um die Papierballen wickeln, um sie festzuhalten.

3 Die Formen mit mehreren Lagen von in Tapetenleim eingeweichten Zeitungsstreifen bedecken. So lange wie nötig trocknen lassen.

4 Messingringe an entsprechenden Stellen zum Aufhängen einschrauben und mit Epoxidkleber sichern.

5 Mit Weißleim beschichten und trocknen. Mit weißer Latexfarbe bemalen und wieder trocknen lassen.

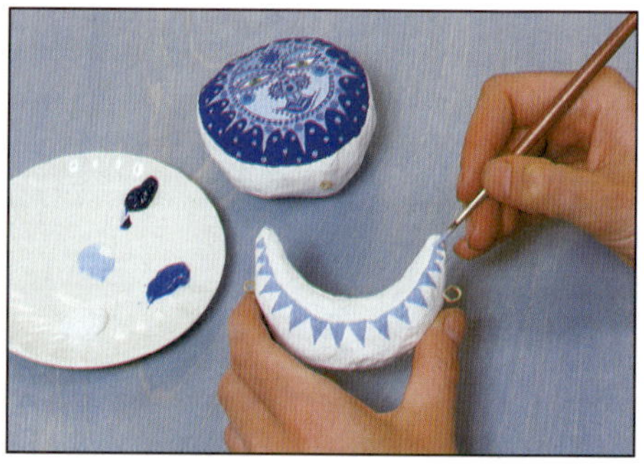

6 Gouachefarben vermischen, um eine bunte Palette herzustellen und die Formen dekorieren.

7 Mehrere Lagen glänzenden Lack auftragen, zum Kontrast gelegentlich auch matten Lack. Trocknen. Details mit feinem Pinsel in Goldemaille aufmalen.

8 Alle Stücke zusammenbringen und mit Einschraub- und Schmuckringen verbinden. Das Mobile mit Aufhängedraht am obersten Ring aufhängen.

SONNENSCHEIN-SCHALE

Papiermaché gibt Ihnen die Möglichkeit, zierliche Gefäße ohne das Geschick und Zubehör, das für Keramik benötigt wird, anzufertigen. Diese Schale ist ideal für Obst, Nüsse oder kleine Gegenstände, eignet sich aber auch als einfaches Dekorationsobjekt. Lassen Sie Ihre Kreativität spielen, um das Muster so fröhlich wie möglich zu gestalten.

SIE BRAUCHEN

Material

Vaseline
Zeitung
Papiermaché-Brei
Weißleim
weiße Latexfarbe
Gouache- oder Akrylfarben: gelb, blau und rot
Flüssiggold- oder Goldgouachefarbe
Sprühfixativ
glänzender Lack

Zubehör

Schale für Form
Behälter für Weißleim
mittlererFlachpinsel
Zirkel
Beistift
feiner Haarpinsel
Behälter zum Farbenmischen

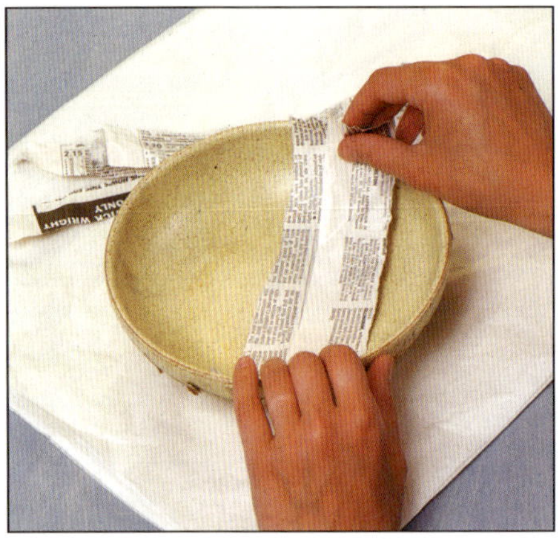

1 Eine Schicht Vaseline innen auf die Formschale auftragen. Zeitungsstreifen reissen, in Wasser eintauchen und auf der Innenseite der Form auslegen.

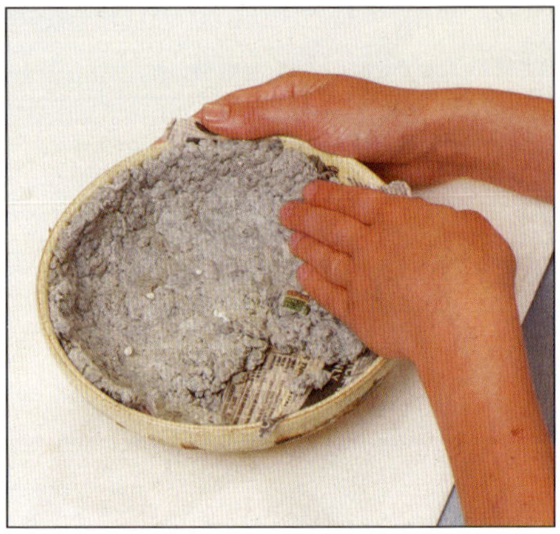

2 Den Papiermaché-Brei 1cm dick in die Form drücken. An einem warmen Ort trocknen lassen (ca. 5 Tage).

3 Den trockenen Brei von der Form lösen. Die Streifen in Weißleim eintauchen und damit die Breischale bedecken. Trocknen lassen.

4 Mit zwei Lagen weißer Latexfarbe bemalen, dabei die erste Lage ganz trocknen lassen, ehe die Nächste aufgetragen wird.

5 Mit einem Zirkel die Sonne genau platzieren; erst einen kleinen Kreis für die Mitte zeichnen, dann einen größeren für die Strahlen. Von freier Hand einzeichnen.

6 Gelbe und goldene Bereiche anmalen. Den Rand mit Gold bemalen. Den blauen Hintergrund einfüllen, weißes Band am Rand belassen.

7 Schließlich den roten Rand aufmalen und trocknen. Mit Sprühfixativ abdichten und mit einer Lage Lack schützen.

WANDLEUCHTER

Ein delikater Goldschimmer fällt im Kerzenlicht auf diesen hübschen Leuchter. Die für das Papiermaché verwendeten, bedruckten Seiten sind als Teil der Dekoration anzusehen, daher für die letzte Lage ein paar Seiten aus einem alten Buch anstelle von Zeitungspapier verwenden.

SIE BRAUCHEN

Material

schwere Wellpappe
Abdeckband
Weißleim
verzinkter Draht
Zeitung
Tapetenleim
altes Buch
weiße Latexfarbe
Goldwachsstift
Akrylsprühlack
Teelicht mit Metallgehäuse
starker, klarer Kleber
kleiner Spiegel

Zubehör

Bleistift
Lineal
starke Schere
Behälter für Weiß- und Tapetenleim
große, mittlere, feine Haarpinsel
Zange
Behälter zum Farbenmischen

1 Mit dem Fotokopierer die Muster ver-größern und auf Pappe zeichnen. Die Rückseite und Basis des Leuchters bestehen zur besonderen Verstärkung aus 3 Lagen Pappe. Ausschneiden.

2 Rück- und Basislagen zusammenkleben, dann im rechten Winkel aneinander kleben. Das Herz an die obere Rückseite kleben, dabei für den Spiegel Platz lassen. Mit verdünntem Weißleim abdichten.

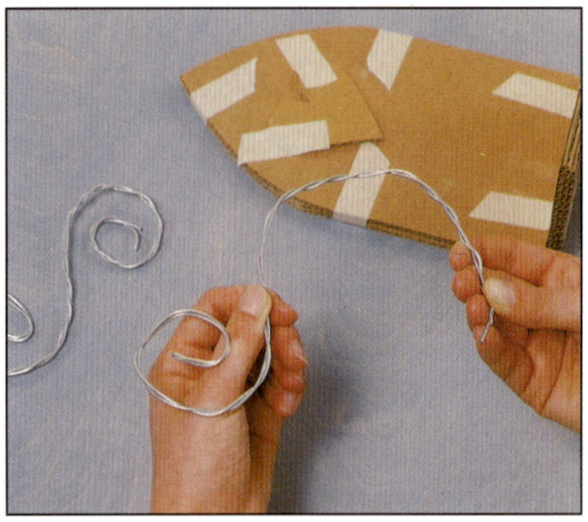

3 Etwas verzinkten Draht zusammendrehen, in gelockte S-Form biegen und zwischen Rücken und Basis einfügen. Einen zweiten Draht auf die gleiche Weise herstellen.

4 Die Drahtstützen fest an Rückseite und Basis kleben. Zeitung in 2 cm Streifen reissen und in Tapetenleim einweichen. Leuchter mit 4 Lagen Papiermaché bedecken. Alte Buchseiten für die letzte Lage verwenden.

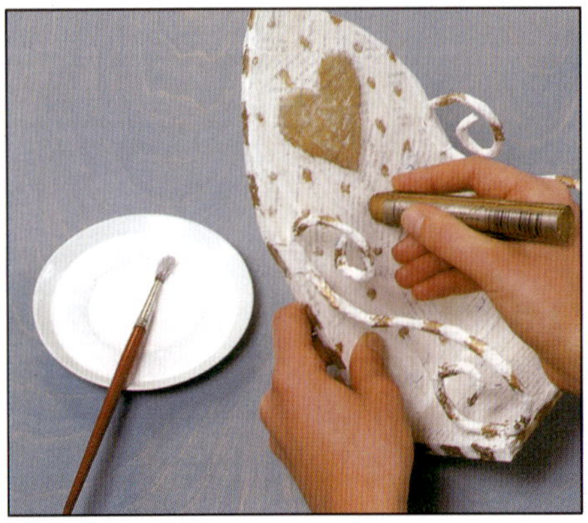

5 Den Leuchter an einem warmen Ort ganz trocknen lassen und ganz mit weißer Latexfarbe überpinseln. Wenn er trocken ist, das Herz mit Gold anmalen und anderswo Tüpfelchen mit einem Wachsstift auftragen.

6 Mit Akryllack besprühen, um die Dekoration zu schützen. Mehrmals für eine gute Oberfläche auftragen.

7 Den Teelichthalter zum Leuchter passend dekorieren und in die Mitte der Basis kleben. Den Spiegel an der inneren Rückseite aufkleben, damit er den Rahmen reflektiert.

Hamlet, Prince

KRONEN-KASTEN

Diese königliche Schatulle ist ein ausgezeichneter Aufbewahrungsort für Manschetten und Ohrringe. Für größere Gegenstände können natürlich größere Schachteln gefertigt werden, z. B. Briefumschläge, Schreibpapier oder Pinsel.

SIE BRAUCHEN

Material

schwere Wellpappe
starken, klaren Kleber
Abdeckband
Zeitung
Weißleim
weiße Latexfarbe
Plakat- oder Gouachefarben
klaren, glänzenden Lack

Zubehör

Bleistift
Lineal
Trapezmesser
Schneidematte
Behälter für Weißleim
feines Sandpapier
mittlerer und großer Haarpinsel

1 Mit dem Fotokopierer das Muster für die Schachtelteile vergrößern und auf Pappe übertragen. Jedes Stück mit dem Trapezmesser ausschneiden. Teile zusammenkleben und trocknen lassen.

2 Zeitung in 2,5 cm breite Streifen reissen. Jeden Streifen in verdünnten Weißleim tauchen und auf den Schachtelrahmen stecken. Für zusätzliche Stärke die Streifen leicht überlappen lassen. Beide Teile der Schachtel mit 4 Lagen Papiermaché bedecken und an einem warmen Ort trocknen lassen.

3 Wenn die Schachtel trocken ist, ihre Oberfläche leicht mit feinem Sandpapier abreiben, dann mit 2 Lagen weißer Latexfarbe grundieren. Kronenmuster aufmalen.

4 Die Schachtel mit Plakat- oder Gouachefarben dekorieren. Sie können das Muster mit schwarzer Umrandung hervorheben.

5 Die Schachtel über Nacht trocknen lassen, dann mit 2 Schichten Lack abdichten. Trocknen lassen.

HALSBAND

Papiermaché wird aus Recyclingpapier hergestellt. Also, warum das Motiv nicht weiterführen und ein Papiermaché-Halsband mit Blümchen und Insekten anfertigen? Oder dekorieren Sie die Scheibchen mit eigenen Motiven.

SIE BRAUCHEN

Material

Wellpappe
Zeitung
Weißleim
weiße Latexfarbe
Plakat- oder Gouachefarben
klarer, glänzender Lack
starker Kleber
Nähnadeln
bunterStrick

Zubehör

große Münze
Bleistift
Schere
Behälter für Weißleim
feiner und mittlerer Haarpinsel
Stopfnadel

1 Die Münze auf Pappe legen. Den Umriss von zwölf Scheiben zeichnen und ausschneiden.

2 Zeitung in 2,5 cm Streifen reissen und in verdünntem Weiß-leim eintauchen. Mit 3 Lagen Papiermaché bedecken.

3 Wenn sie trocken sind, Scheiben mit 2 Schichten weißer Farbe grun-dieren. Trocknen. Ein Blümchen oder Marienkäfer auf jede Scheibe malen. Das Muster farbig anmalen.

4 Jede Scheibe mit 2 Lagen glänzendem Lack fixieren. Trocknen, ein Loch oben mit der Stopfnadel einstechen. Etwas Kleber über Löcher tüpfeln und Nähnadel einstecken.

5 Schnur zuschneiden und durch die Nadelösen führen. Verknoten ehe sie zur Nächsten läuft.

KRON-JUWELEN-RAHMEN

Dieser Rahmen wird durch den Aufsatz von silbernen, in Folie gewickelten Juwelen verfeinert. Sie können den Rahmen mit Ihrer Wahl von Farben und Accessoires so einfach oder kompliziert machen, wie Sie wollen.

SIE BRAUCHEN

Material

Wellpappe
Pappe
Weißleim
Zeitung
Seidenpapier
weiße Akrylgrundierung
Akrylfarben: lila und grün
silberne Plakatfarbe
Scheinjuwelen
Aluminiumfolie
starkes Klebeband
Spiegelglas oder Bild

Zubehör

Pauspapier
weicher Bleistift
Schere
Behälter für Weißleim
feiner und mittlerer Haarpinsel

1 Das Muster nachzeichnen und nach Bedarf vergrößern. Mit starker Schere 2 Rahmen aus der Wellpappe schneiden. 3 Quadrate oder Dreiecke aus einfacher Pappe für jede der 4 Seiten des Rahmens ausschneiden.

2 Mit Weißleim einen Stoß von 3 Pappformen zu beiden Seiten auf dem Rücken eines Rahmens kleben. Den zweiten Papprahmen oben aufsetzen und in Position kleben.

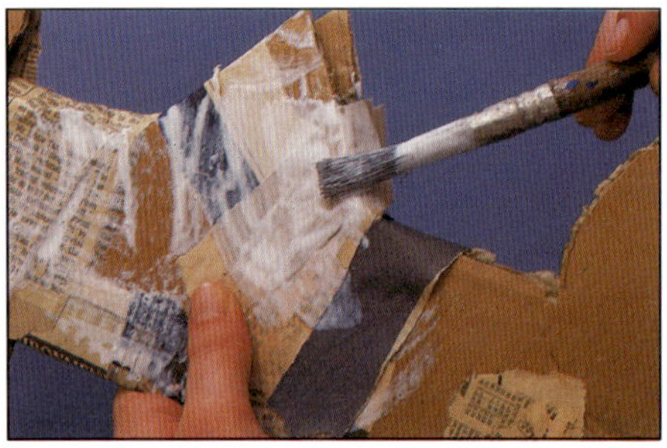

3 Zeitungsstreifen reissen und in verdünntem Weißleim eintauchen. Am Anfang Streifen über Lücken im Rahmen legen.

4 Die Papiermaché auf dem ganzen Rahmen und dann den verdünnten Kleber auf das Papiermaché auftragen und es mit trockenen Streifen bedecken. Ungefähr 6 Lagen.

5 Zwei Ränder aus Seidenpapier, das in verdünntem Kleber eingeweicht und zu Seilen verdreht wurde, machen. Ein Seil um den äußeren Rand legen und das andere um den inneren Rand des Rahmens. Trocknen.

6 Denn ganzen Rahmen mit zwei Blättern Seidenpapier bedecken, diese einzeln niederlegen und in verdünntem Kleber einweichen.

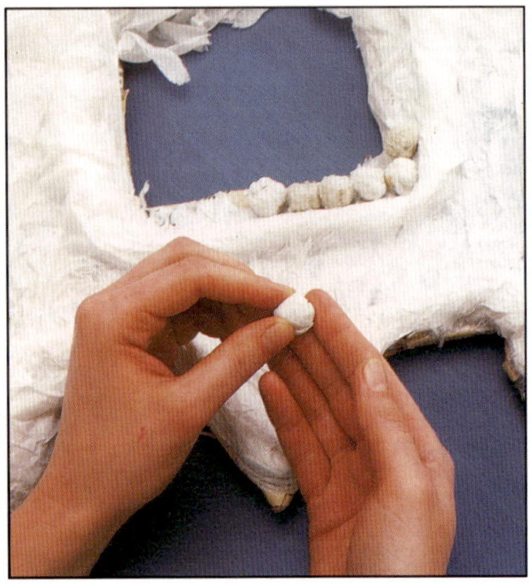

7 Bällchen aus in Klebstoff getränktem Seidenstoff machen und um die Innenseite des Rahmens kleben. Gründlich trocknen. Den ganzen Rahmen mehrmals mit weißer Akrylfarbe grundieren.

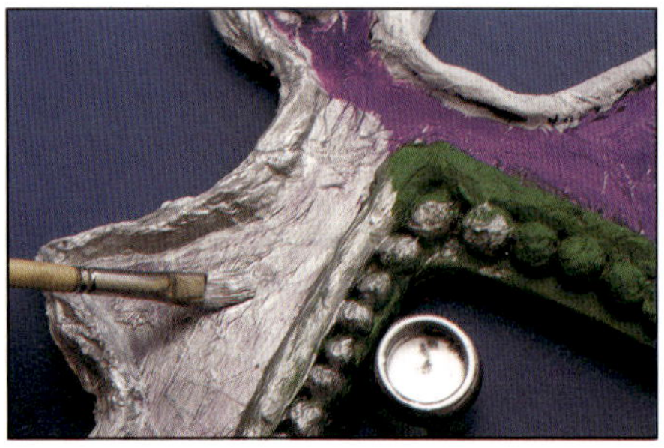

8 Den Rahmen mit einer Basis aus lila und grüner Akrylfarbe anmalen. Trocknen, dann leicht mit silberner Plakatfarbe bemalen, wobei die Grundfarben durchschauen.

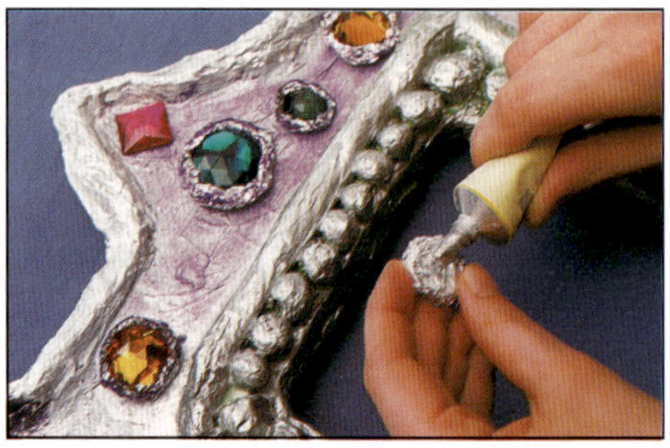

9 Die Ränder der Juwelen mit in kleinen Quadraten gerissener Folie einwickeln. Die Folie mit etwas lila Akrylfarbe mattieren. Die Juwelen auf den Rahmen kleben. Ein Spiegel oder Bild auf den Rücken kleben.

LIEBESZEICHEN-SCHÄLCHEN
Muster 75% natürlicher Größe

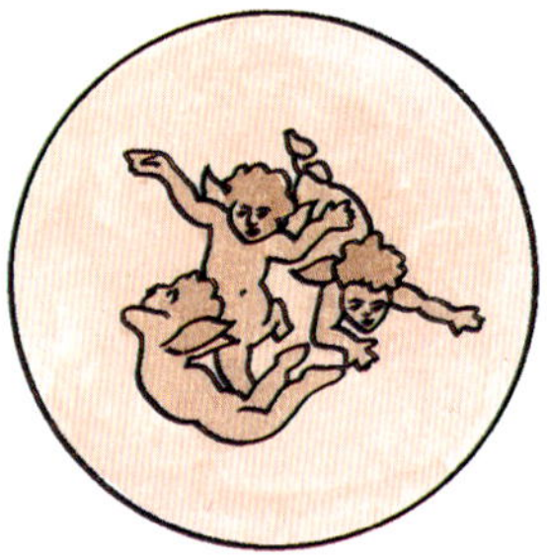

DEKORATIVER RAHMEN
Muster 75% natürlicher Größe

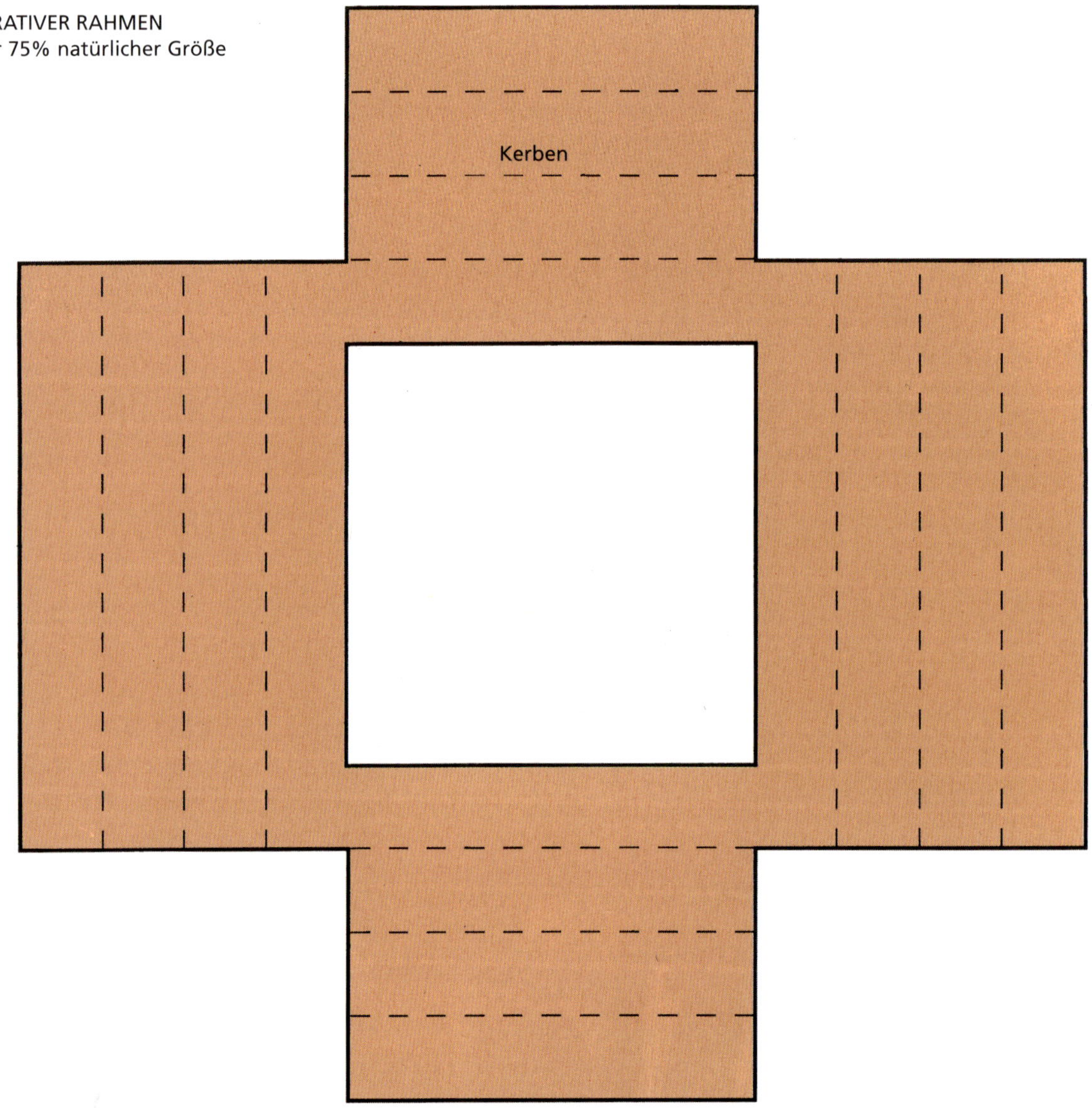

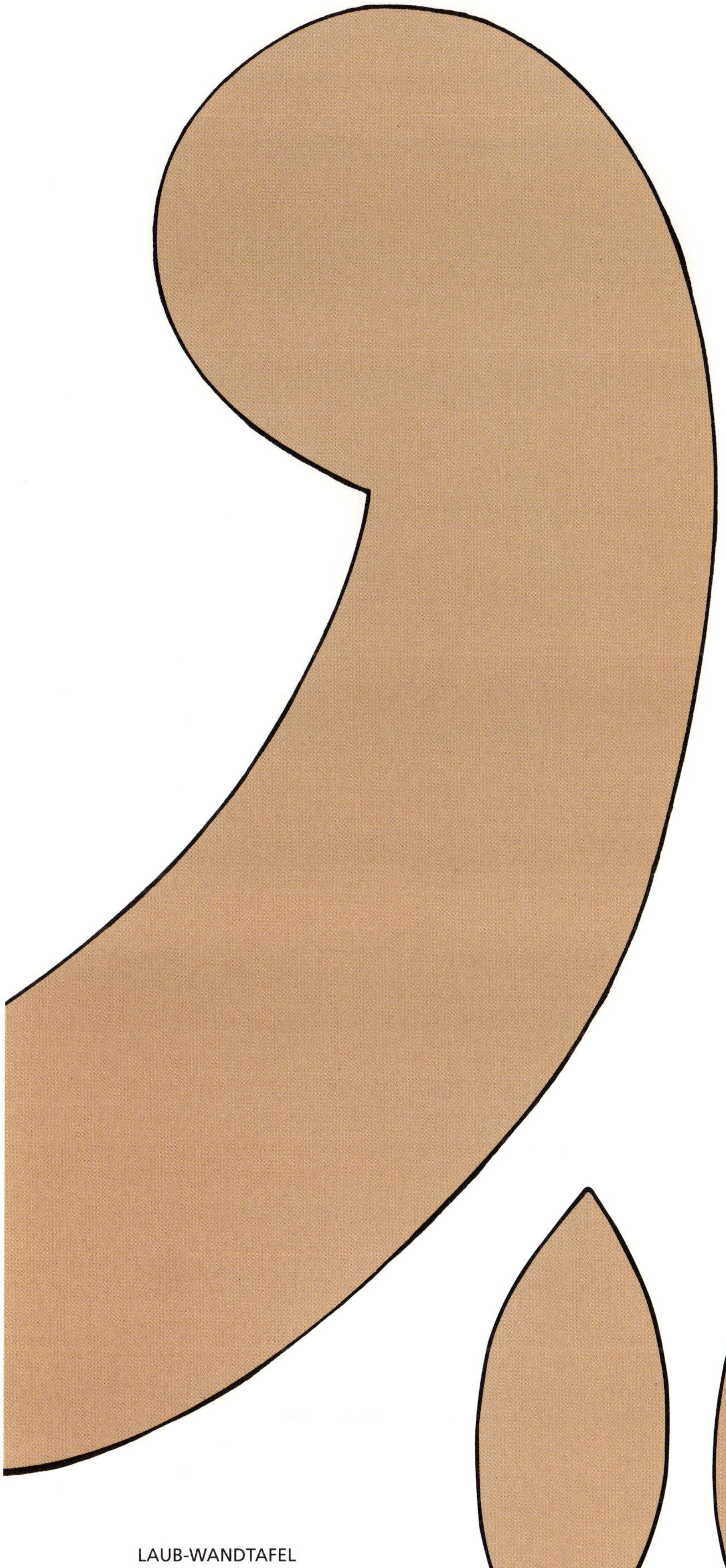

GRIECHISCHE VASE
Muster 80% natürlicher Größe

LAUB-WANDTAFEL
Muster 100% natürlicher Größe

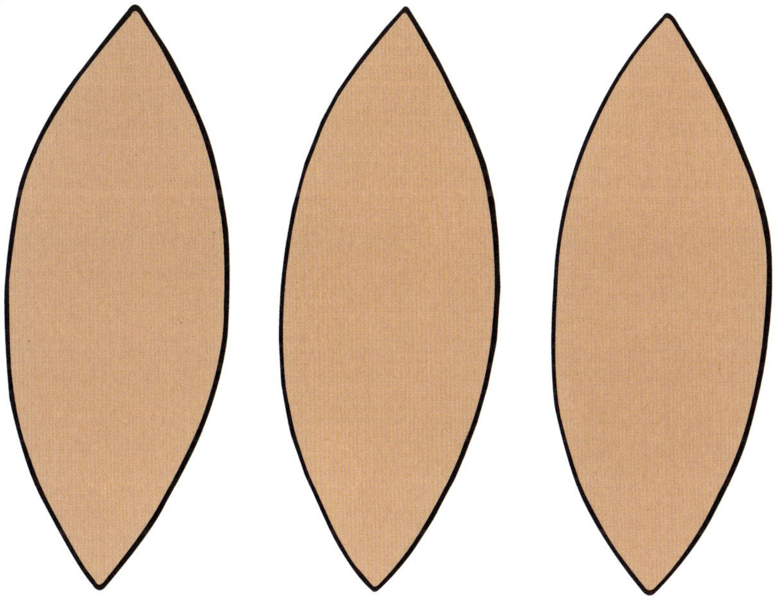

WANDLEUCHTER
Muster 100% natürlicher Größe

KRONENKASTEN
Muster 100% natürlicher Größe

KRONJUWELENRAHMEN
Muster 80% natürlicher Größe

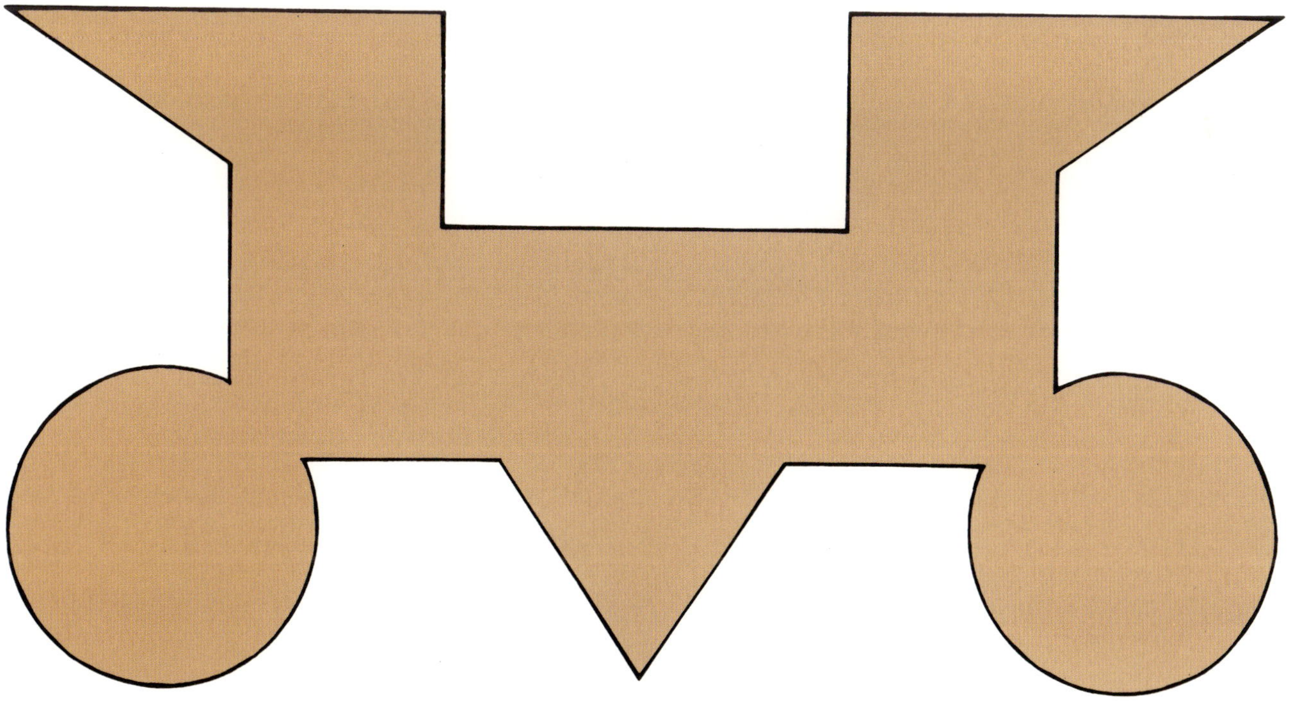

DECOUPAGE

Obwohl Decoupage die erstaunlichsten Effekte erzeugen kann, ist sie recht einfach zu erlernen. Es beruht auf der Fähigkeit interessante Formen und Farben aus überall vorhandenem Material auszuwählen. Wenn Sie erst einmal wissen, wie man Formen ausschneidet und auf ein Objekt klebt, dann kommt Ihre persönliche Kreativität zu Wort. Entwürfe können nach Wunsch einfach oder kompliziert sein, aber sie sehen immer gut aus und Sie können mit dieser Technik fast alles im Haus individualisieren.

Die nachfolgenden Projekte zeigen, wie man alles von Tabletts, Schachteln und Lampenschirmen bis hin zu Rahmen, Kleiderständern und sogar Zifferblättern behandeln kann, um Langweiliges in Kunstwerke zu verwandeln. Selbst Möbelstücke, wie Tische, Schränke oder Wandschirme können Sie so verschönern und mit interessanten Effekten versehen. Rissige Glasuren auf einer Fläche verleihen Bildern ein antikes Aussehen. Das Aufmalen auf getöntem Lack schafft andere Farbtiefen und lässt die Muster älter wirken.

Die große Vielfalt von Stilen und Anwendungen lässt Sie Zeitschriften, Dekopapier, Tapeten, Postkarten, alten Kataloge, ja sogar Fotokopien mit anderen Augen betrachten. Alle diese Materialien können Alltägliches in Schönes verwandeln.

ALTE TRUHE

Diese schöne Truhe kann zum Aufbewahren von Fotografien, Briefen und Andenken verwendet werden. Suchen Sie Gesichter und Buchstaben auf Geschenkpapier oder drucken und nutzen Sie passendes, handgemachtes Papier. Die Truhe wird mit Farbe gewaschen und erhält so ihr altertümliches Aussehen.

SIE BRAUCHEN

Material

Holzschachtel
Reproduktionen alter Meisterzeichnungen von Gesichtern, Tieren sowie Beschriftungen
handgemachtes, ungefärbtes japanisches Papier
Weißleim
Fotokopien von altem Pergament
Wasserfarben
Bilder aus Zeitschriften
gebrannte Umbra Akrylfarbe
klarer, matter Öllack

Zubehör

feines Sandpapier
Paus- und Durchschlagpapier
Bleistift
kleiner und mittlerer Flachpinsel
Behälter für Weißleim
feiner und mittlerer Haarpinsel
Schere
Schablonenkarton
Lineal
Trapezmesser
Schneidematte

1 Mit feinem Sandpapier absanden, um eine glatte Fläche zu bekommen, und die Metallbeschläge säubern.

2 Reproduktionen alter Meister fotokopieren. Die Bilder durchpausen und auf handgemachtes Papier übertragen. Oder, Durchsclagpapier nach unten auf das handgemachte Papier legen und wie gezeigt über das Bild zeichnen.

3 Wenn Sie einige Bilder nachgezeichnet haben, reissen Sie sie grob aus. Etwas handgemachtes Papier in unregelmäßige Stücke reissen. Bilder auf der Truhe anordnen.

4 Die Papierstücke ankleben und dabei die ganze Schachtel bedecken. Farbige Fotokopien von verschiedenen Beschriftungen anfertigen. Auch Fotokopien von altem Pergament aufkleben.

5 Eigene Motive von Hand aufmalen. Trocknen lassen, dann grob ausreissen und auf die Truhe kleben. Weitere Details aus Zeitschriften oder Fotokopien einkleben.

6 Mit Trapezmesser und Schneidematte ein Muster für die Ränder der Truhe aus Schablonenkarton ausschneiden.

7 Mit einem Schwamm und Wasserfarbe das Randmuster aufschablonieren.

8 Die Bilder auf der Schachtel mit etwas Wasserfarbe hervorheben. Die ganze Fläche mit einer antikisierenden Farbe wie gebranntes Umbra - Akryl waschen.

9 Mit einer Schicht klaren matten Öllack fixieren.

SCHRANK IM LÄNDLICHEN STIL

Badezimmerschränke müssen praktisch sein, es gibt keinen Grund warum sie nicht auch hübsch sein können. Das Innere dieser Schränke wird mit schönem Geschenkpapier dekoriert. Auch Tapete eignet sich hierfür. Ein Papier auswählen, dessen Motive zu der Größe des Schrankes passen.

SIE BRAUCHEN

Material

kleiner Kiefernholzschrank
Wasserfarben: creme und hellgrün
Geschenkpapier oder Tapete
Tapetenleim
Wachsstift
matter Lack

Zubehör

feines Sandpapier
weicher Lappen
kleiner Flachpinsel
mittlerer Haarpinsel
Schere

1 Die Schrankoberfläche mit Sandpapier abreiben, um Schmutz oder Politur zu entfernen. Staub mit trockenem Tuch abwischen. Die Außenseite leicht mit Cremefarbe bemalen. Trocknen lassen. Mit feinem Sandpapier abreiben, damit das Holz stellenweise hervortritt.

2 Rahmen und Randleisten mit hellgrün hervorheben, dabei Haarpinsel verwenden. Wieder trocknen und sanden, bis Sie ein abgenutztes Aussehen erzielen.

3 Das Geschenkpapier oder die Tapete passend zuschneiden und mit Tapetenleim am Schrank anbringen.

4 Ein Motiv, in diesem Fall die Fische, auswählen. Vorsichtig ausschneiden und auf das Äußere des Schranks anbringen. Die Teichpflanzen wurden mit Wachsstift eingezeichnet. Innen und außen mit 2 Schichten mattem Lack anstreichen, um Papier und Farbe zu schützen.

ROSEN-EIER

Verwenden Sie altes Packpapier oder suchen Sie nach bunten wilhelminischen Rosenmotiv-Drucken, um diese bunten Eier herzustellen.

SIE BRAUCHEN

Material

Rosenmotive in Büchern oder auf Tapeten
Weißleim
Holz- oder ausgeblasene Eier
klarer Nagellack

Zubehör

kleine, scharfe Schere
Behälter für Weißleim
feiner Haarpinsel

1 Ein Auswahl Rosenmotive ausschneiden. Sie können auch andere Motive, wie Schmetterlinge oder Vergissmein-nicht, verwenden. Suchen Sie interessante Formen und schneiden Sie sie vorsichtig aus.

2 Mit Weißleim die Blumen auf die Eier mit überlappenden Rändern kleben, damit ein dichteres Muster entsteht. Vergewissern, dass das ganze Holz oder die Schale bedeckt ist.

3 Wenn der Kleber trocken ist, mit 3 oder 4 Schichten Nagellack bedecken, wobei jede Schicht ganz trocken sein muss, ehe die Nächste aufgetragen wird.

SCHNITT-BLUMEN-RAHMEN

Dieser reizende Rahmen wird mit breitem Rand hergestellt, um genug Platz für Dekor zu lassen. Hier werden fotokopierte Bilder ausgeschnitten und mit Wasserfarben bemalt. Sie können auch aufbewahrte Oblaten verwenden, um Zeit zu sparen.

SIE BRAUCHEN

Material

braunes Einschlagpapier
6 mm mittelstarkes Faserbrett (MSF), 3 Stücke zu 20 x 22 cm zugeschnitten
Holzkleber
weiße Akrylgrundierung
weiße Latexfarbe
Auswahl fotokopierter Bilder
Wasserfarben
Klebestift
glänzender Lack

Zubehör

Kugelschreiber
Lineal
Schere
Bohrer
Laubsäge
mittlere bis große Kombihobel
feines Sandpapier
feiner und mittlerer Haarpinsel
kleine, scharfe Scheren
Lackpinsel

1 Ein Stück braunes Packpaier 20 x 22 cm ausschneiden und in Viertel falten. Eine Form in die Mitte zeichnen und ausschneiden. Das Muster öffnen und die Öffnung, hier ein Oval, auf einem Stück mittelstarkes Faserbrett aufzeichnen (MSF).

2 Aus den anderen MSF-Stücken ein über das Oval passendes Rechteck, 11,5 x 15 cm, ausschneiden. Löcher in die Ecken des Rechtecks bohren, mit Laubsäge ausschneiden.

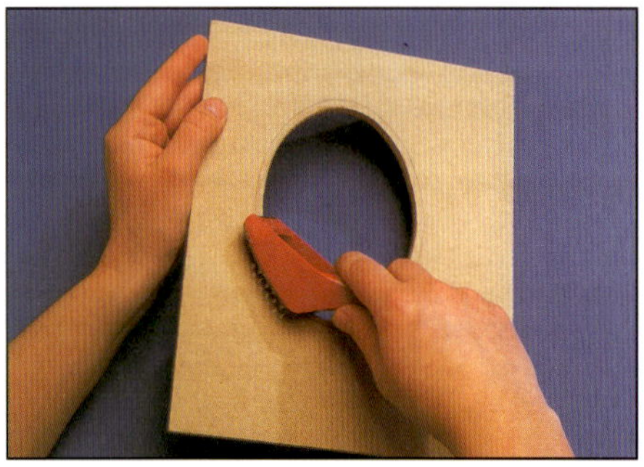

3 Mit einem mittelgroßen Hobel den Rand der Form abfeilen, um einen sanfteren Grat zu erzeugen.

4 Die 3 MSF-Stücke mit Holzkleber zusammenkleben und trocknen lassen.

5 Mit dem großen und mittleren Hobel den Rahmen und die Ränder glätten.

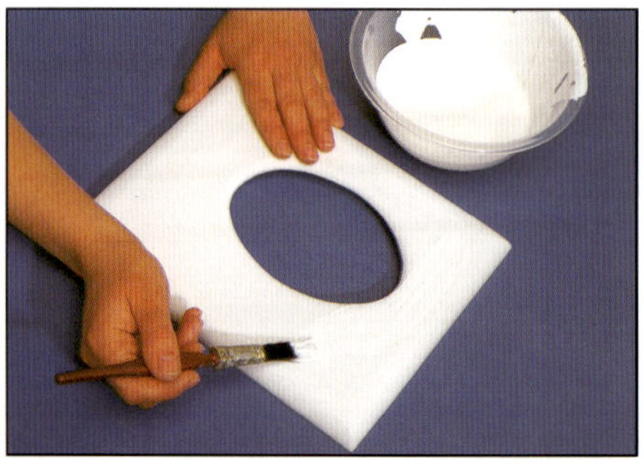

6 Alle Ränder mit Sandpapier sehr glatt reiben. Den Rahmen mit weißer Akrylgrundierung bemalen, dann weiße Latexfarbe auftragen.

7 Eine Auswahl fotokopierter Bilder mit kleiner, scharfer Schere ausschneiden, dann mit Wasserfarben tönen.

8 Die Ausschnitte mit dem Klebestift auf den Rahmen kleben. Sanft mit den Fingern glätten.

9 Einen glänzenden Lack verwenden, um den Rahmen zu fixieren und ihm Glanz zu verleihen.

KERZEN-SCHIRME

Schöne Schirme aus handgemachtem japanischem Papier und Fotokopien von echten Pflanzen passen zum sanften Kerzenlicht. Sie werden mit einem Brandschutzspray beschichtet und dürfen nicht unbeaufsichtigt brennen!

SIE BRAUCHEN

Material

handgemachtes japanisches Papier
klarer, flacher Öllack
Pappe
Auswahl frischer und trockener Blumen und Blätter
Abdeckband
Weißleim
dekoratives Papier
Brandschutz-Spray
Kerze
Kerzenhalter

Zubehör

kleiner Flachpinsel
Zirkel
Lineal
Bleistift
Schere
Trapezmesser
Schneidematte
Behälter für Weißleim
mittlererHaarpinsel

1 Das handgemachte Papier mit klarem, flachen Öllack beschichten und trocknen lassen.

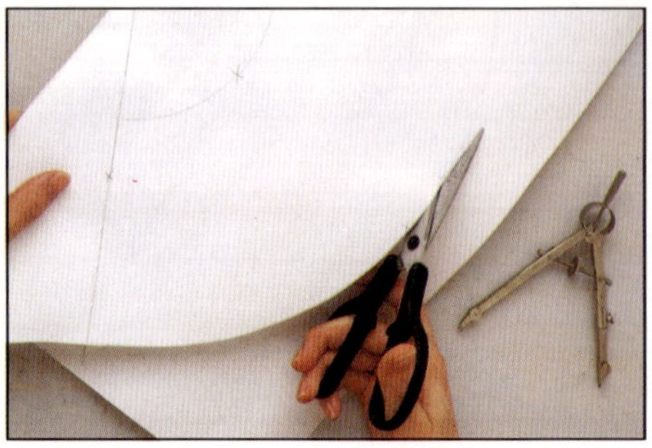

2 Mit Zirkel, Lineal und Bleistift die Form des Schirms auf Pappe zeichnen. Als Muster ausschneiden. Es empfiehlt sich, ein Probestück aus Zeitung zu fertigen.

3 Um das Pappmuster herum auf das handgemachte Papier zeichnen und ausschneiden.

4 Farbfotokopien von Blumen und Pflanzen machen. Vorsichtig mit dem Trapezmesser auf der Schneidematte ausschneiden.

5 Um das Muster zu planen, die Ausschnitte auf handgemachtem Paiper anordnen. Vorübergehend mit Abdeckband befestigen. Dann kleben.

6 Umrandungsdetails aus dekorativem Papier schneiden und ankleben. Platz am Saum lassen. Wenn der Schirm fertig ist, können dort weitere Stücke angebracht werden, um den Saum zu verbergen. Schirm lackieren. Trocknen, dann den Schirm zusammenkleben.

7 Um den Umriss herum auf ein Stück Pappe den Schirmhalter zu zeichnen.

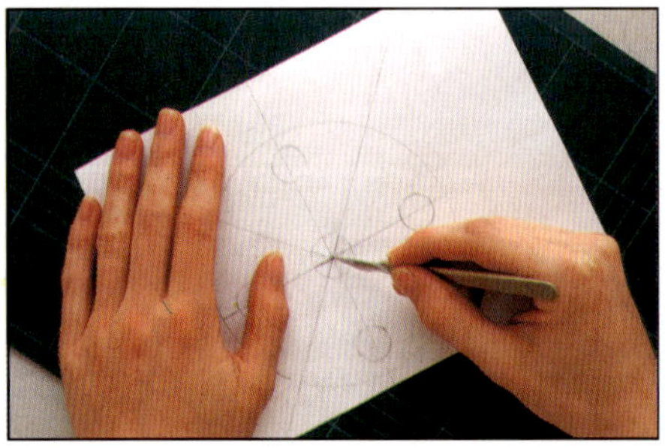

8 In der Mitte des Halters einen kleinen Kreis für die Kerze zeichnen. Überschneidende Linien durch diesen Kreis zeichnen. 4 Luftlöcher aufzeichnen. Ausschneiden.

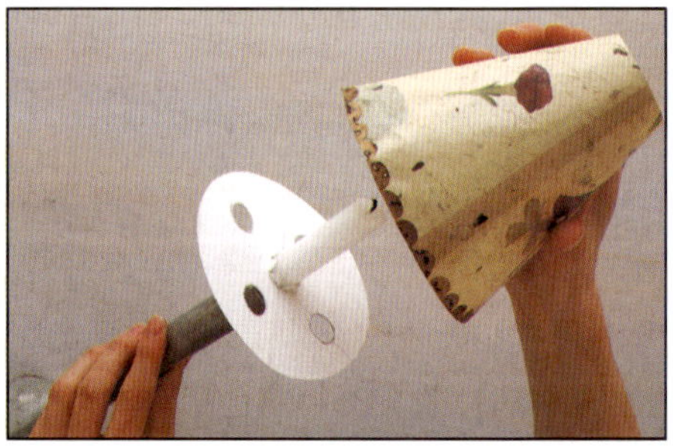

9 Schirm und Pappe mit Brandschutzmittel besprühen. Kerze durch den Schirmhalter auf den Kerzenhalter schieben. Den Schirm über die Kerze auf seinen Halter setzen.

ANTIKDRUCK MIT RISSGLASUR

Antike Drucke sind teuer, aber mit dieser Technik können Sie Ihren ganz eigenen Entwurf billig herstellen. Die Motive mit dem Fotokopierer anpassen und die Anordnung ausprobieren, bis sie gefällt.

SIE BRAUCHEN

Material

Auswahl schwarzweißer Drucke
Sprühkleber
Pappe
Teebeutel und Kaffeepulver
Weißleim
großes Stück Pappe als Rücken
Akrylmedium
klarer, glänzender Akryllack
gebrannte Umbra Akrylfarbe

Zubehör

Schere
großer, weicher chinesischerPinsel
Behälter für Weißleim
Flachpinsel
feiner Haarpinsel
Behälter zum Farbenmischen

1 Die Drucke ausschneiden und hinten mit Sprühkleber bedecken. Auf Pappe anordnen, bis das gewünschte Muster erzielt ist. Mit dem Sprühkleber können Sie sie umsetzen so oft sie wollen. Das Ergebnis fotokopieren.

2 Mischung aus 1 Teebeutel und 3 Teelöffel Kaffee herstellen. Kühlen. Auf den Druck mit chinesischem Pinsel auftragen. Sie können mit verschiedenen Stärken experimentieren und für größere Tiefe mehrere Schichten auftragen. Trocknen.

3 Weißleim und Wasser zu gleichen Teilen mischen und hinten auf dem Druck mit Flachpinsel auftragen. Den Druck auf Pappe glatt aufbringen. (Sie können den Druck auch direkt auf die Wand oder Möbel auftragen.) Die Weißleimmischung auf den Druck streichen und trocknen lassen.

4 Den Druck und Rücken mit Akrylmedium auf gleiche Art bedecken. Das Papier runzelt vielleicht, aber keine Angst, das vergeht, wenn das Papier trocken ist.

5 Mit Akryllack bedecken, damit es glänzt und alt aussieht.

6 Umbra Akrylfarbe in den Lack mischen und Risse mit feinem Pinsel malen. Schatten hinzufügen und sanft einblenden. Dann noch eine Lage Akryllack auftragen und trocknen lassen.

DEKORATIVES TABLETT

Ein gutes Tablett, das stark genug ist, um Tassen und Teller zu tragen, und hübsch genug, um als Dekoration zu dienen, wenn es nicht in Gebrauch ist. Dieses ist mit altem Gravurwerkzeug verziert. Suchen Sie nach passenden Motiven.

SIE BRAUCHEN

Material

Tablett
korngelbe Holzfarbe
fotokopiertes Motiv
Tapetenleim
klarer Samtlack
Rissglasur (wahlweise)
rohe Umbra Ölfarbe

Zubehör

Flachpinsel
feines Sandpapier
scharfe Schere od. Trapezmesser
Schneidematte
großer Haarpinsel
weiches Baumwolltuch

1 Das Tablett mit korngelbe Holzfarbe als Grundfarbe bestreichen. Trocknen lassen und mit feinem Sandpapier abreiben.

2 Das fotokopierte Motiv vorsichtig ausschneiden, dabei das Papier auf die Schere zu bewegen oder auf der Schneidefläche wenden.

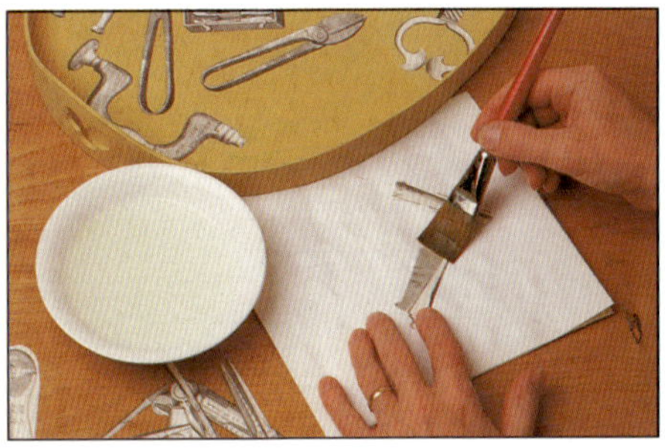

3 Die Ausschnitte umdrehen und bis an die Ränder ganz mit Tapetenleim bestreichen.

4 Die Ausschnitte mit klebender Seite nach unten auf dem Tablett platzieren, um ein attraktives Muster zu erzeugen. Mit weichem Tusch oder Schwamm die Blasen glätten.

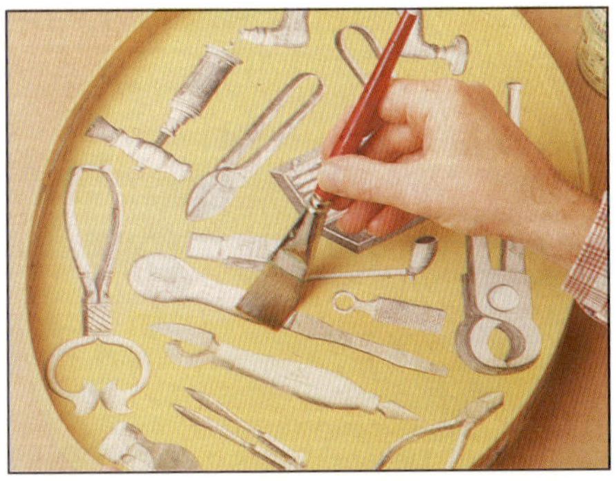

5 Mit einem sauberen, neuen Schwamm eine sehr dünne Schicht Lack auf die ganze Tablettfläche auftragen. Nach dem Trocknen leicht mit Sandpapier abreiben. Mehrmals wiederholen.

6 Diese Decoupage enthält noch mehr Tiefe, indem eine Rissglasur aufgetragen wird. Die Produktanleitungen genau befolgen. Hier wird der Grundlack auf das Tablett aufgestrichen.

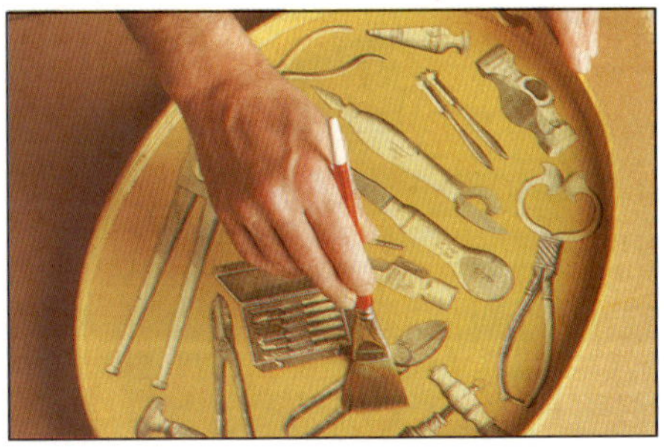

7 Rissglasur nach dem Trocknen gleichmäßig auftragen, und 20 weitere Minuten trocknen.

8 Kleine Menge Ölfarbe mit einem weichen Tuch reiben in die Risse. Rohe Umbra hier für einen natürlich gealterten Effekt verwenden. Andere Farben eignen sich auch.

9 Wenn die Risse gefärbt sind, den Überschuss sanft mit einem weichem Tuch von der Oberfläche reiben. Mindestens 2 weitere Lagen Samtlack auftragen; evtl. mehr, wenn Sie die Geduld aufbringen.

TISCHFLÄCHENDEKORATION

Diese Chillischoten mit einem abgenutzt aussehenden Anstrich ergeben eine farbige Dekoration für den Tisch. Experimentieren Sie mit verschiedenen Farben und dekorieren Sie mit Ihrem Lieblingsgemüse.

SIE BRAUCHEN

Material

Holztisch
Latexfarben: weiß, grün und gelb
Wachs
Farbbilder von Gemüse
Weißleim
klarer, Akrylsatinlack auf Wasserbasis

Zubehör

mittlerer und kleiner Haarpinsel
weiches Tuch
feines Sandpapier
Bandmaß
Trapezmesser
Schneidematte
kleine, scharfe Schere
Zellophan

1 Den Tisch mit weißer Latexfarbe bemalen. Trocknen lassen. Dann mit grüner Latexfarbe anmalen und wieder trocknen lassen.

2 Mit einem weißen Tuch Wachs gleichmäßig über die Oberfläche des Tisches reiben. Trocknen lassen.

3 Den Tisch mit gelber Latexfarbe bemalen und ganz trocknen lassen, ehe er abgesandet wird.

4 Mit feinem Sandpapier die Tischfläche absanden bis die grüne Farbe durchscheint. Die Fläche absanden, bis das gewünschte Aussehen erreicht wird.

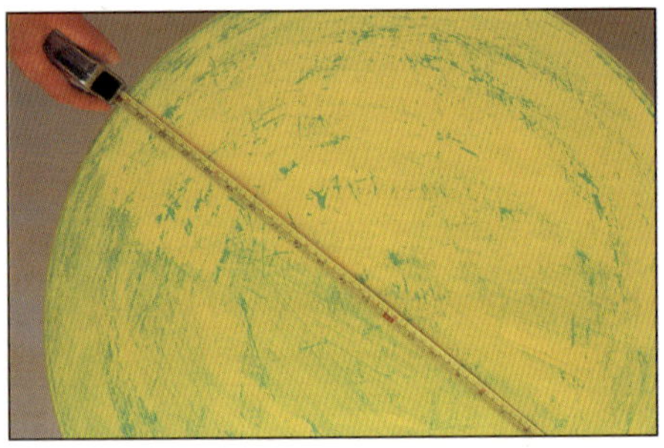

5 Die Oberfläche des Tisches messen, damit Sie wissen, um wieviel Prozent das Gemüse vergrößert werden muss.

6 Fotokopieren Sie die Gemüsebilder. Zuerst den inneren Bereich des Gemüsemusters mit dem Messer ausschneiden. Vorsichtig, damit die dünne Stiele nicht reissen.

7 Die größeren Stücke mit einer kleinen Schere ausschneiden, dabei wieder auf die Stiele Acht geben. Das Gemüse und die Blätter auf dem Tisch anordnen, bis Sie mit dem Muster zufrieden sind.

8 Die Ausschnitte nacheinander aufheben und wenden oder auf Plastik legen, um den Kleber aufzutragen. Jeden Ausschnitt aufheben, auf den Tisch legen, vorsichtig glätten und aufpassen, dass es keine Falten gibt.

9 Zum Schluss vier Lagen Samtlack auftragen und dabei jede Schicht trocknen lassen, ehe die Nächste aufgestrichen wird.

MARINE-TABLETT

Hier wird ein entzückendes Tablett aus einer Samenkiste und einem Buch mit alten Drucke hergestellt; Bilder aus alten Zeitschriften eignen sich aber genau so gut. Die Kunst besteht in der Auswahl des Motivs – Fische, Seevögel oder Muscheln –, dann wird das Tablett in passender Farbe angestrichen.

SIE BRAUCHEN

Material

Samenkiste
ein Stück Bastelholz
Heftzwecken
Latexfarben: wasser-blau, blau und braun
Muschel- und Fischbilder
Holzstück
matter Lack
Strick

Zubehör

Schraubenzieher
Bohrer
Bleistift
Säge
feines Sandpapier
Klebepistole und -patronen
Hammer
kleiner Flachpinsel
feiner Haarpinsel
Schere
Abdeckband

1 Um den Boden zu entfernen, mit Schraubenzieher zwischen Seite und Boden hebeln.

2 Zwei Löcher in jedes Tablett-ende für die Strickgriffe bohren.

3 Einen neuen Boden aus Bastelholz fertigen. Mit der Säge zuschneiden und an den Rändern mit Sandpapier glätten. Den Boden an das Tablett kleben und mit dem Hammer festklopfen.

4 Gleichmäßige Schicht wasser-blaue Latexfarbe innen und außen aufmalen. Gründlich trocknen. Das ganze Tablett mit blauer Farbe anmalen, dabei vergewissern, dass Wasserblau stellenweise durchscheint.

5 Einige Muschel- und Fischbilder grob ausschneiden. Nach Bedarf mit Fotokopierer ver-größern. Die Bilder auf Holz auflegen und mit Abdeck-band befestigen.

6 Mit einem ver-dünnten Farb-überzug über alle Bilder malen. Gründlich trocknen lassen.

7 Bilder vom Holz entfernen und vorsichtig ausschneiden.

8 Bilder in Stellung bringen und auf das Tablett aufkleben. Die Bilder mit mindestens drei Schichten lackieren, und jede Schicht gründlich trocknen lassen.

9 Zwei Stücke Strick für die Griffe schneiden und an den Enden Abdeckband ankleben. Den Strick durch die Löcher führen. Die Enden verknoten, damit sie sicher halten.

HASEN-ATTRAPPE

Attrappenschilder entstanden einst als Laden- und Wirtshausschilder. Da nur wenige Leute lesen konnten, wurde ein bemaltes Schild ausgestellt, um das Handwerk am Ort kund zu tun. Die Schilder wurden entweder aufgehängt oder auf einen Klotz gestellt. Sie können an diesem übergroßen Hasen einen Ständer anbringen oder ihn aufhängen.

SIE BRAUCHEN

Material

Papier
Tapetenleim
A2-Blatt Marine-Sperrholz oder ähnliches
Schellack
Lack: Old Pine und klar-matt
Holz für den Ständer
Weißleim

Zubehör

Behälter für Tapetenleim
kleiner Flachpinsel
weiches Tuch
Laubsäge
feines Sandpapier

1 Das Hasenmuster fotokopieren, dabei auf ein A4-Blatt vergrößern. Die Vergrößerung in der Mitte durchschneiden, damit zwei A5-Seiten entstehen.

2 Beide auf A3 vergrößern. Je nach Maschine kann der Vorgang in einem oder mehreren Schritten unternommen werden.

3 Eine Schicht Tapetenleim auf das Sperrholz auftragen. Das dichtet die Oberfläche ab und dient dem Papier als Haftgrund.

4 Die anliegenden Ränder der Fotokopien bis an den Hasen abschneiden, damit die Hälften ohne Überdeckung passen. Eine dünne Lage Tapetenleim bis an die Ränder aufstreichen und die Hälften auf dem Brett zusammensetzen. Blasen mit weichem Tuch glätten und trocknen lassen.

5 Die Form mit der Laubsäge ausschneiden. Wenn Sie nicht mit der Laubsäge vertraut sind, müssen Sie üben, um ein Gefühl dafür zu bekommen. Zeit lassen oder jemanden mit mehr Erfahrung um Hilfe bitten.

6 Mit feinem Sandpapier die Ränder der Hasenform abreiben, bis sie glatt sind.

7 Die Oberfläche mit einer Lage Schellack abdichten, was einen gelbliches Aussehen ergibt. Eine Lage Old Pine Lack auftragen, gefolgt von mehreren Schichten klarem Lack, wobei jede Schicht vor der nächsten trocknen muss.

8 Das Muster für den Ständer aufzeichnen und zum Ausschneiden der Holzform benutzen. Die Ränder mit feinem Sandpapier abreiben. Ankleben.

EICHENLAUB-KISTE

Wenn Sie ein hübsches Motiv finden, können Sie sofort schöne, wiederholende Muster mit dem Fotokopierer herstellen. Kopien von alten Gravuren sind für diese Technik hervorragend geeignet: Hier werden sie vorsichtig mit Herbstfarben von Hand bemalt.

SIE BRAUCHEN

Material

Holzkiste
Latexcremefarbe
schwarzweißes Laubmuster
Akrylfarben: ockergelb and oxidrot
Weißleim
klarer, glänzender Akryllack

Zubehör

mittlerer Flachpinsel
Behälter zum Farbenmischen
feiner Haarpinsel
Scheren
Trapezmesser
Schneidematte
Behälter für Weißleim

1 Die Kiste mit 2 oder 3 Schichten Latexcremefarbe anmalen. Kopien des Laubmotivs für die Seiten und den Deckel anfertigen. Die Kopien von der Hand mit dünnem Ockerüberzug, dann oxidrot anstreichen.

2 Mit der Schere um den Rand des Laubmusters schneiden. Alle kleinen Stellen im Muster mit dem Trapezmesser wegschneiden.

3 Bilder auf dem Deckel und den Seiten anordnen. Mit Weiß-leim aufkleben und trocknen lassen.

4 Die Kiste mit 2 oder 3 Lagen klarem, glänzendem Akryllack schützen.

ZITRONEN SPIEGEL-RAHMEN

Suchen Sie nach interessantem gedrucktem Material, das mit dem Zitronenmotiv in diesem auffallenden Papiermaché-Rahmen vereint werden kann. Sie können Grafiken aus Büchern fotokopieren oder Ihre eigenen, alten Manuskripte anfertigen!

SIE BRAUCHEN

Material

Wellpappe
Spiegel, 15 x 18 cm
Tapetenleim
Zeitung
Akrylfarben: schwarz, gelb und grün
Büroklammer
Akrylgesso
Geschenkpapier mit Zitronenmotiv
gedrucktes Papier oder Manuskript
weißes Seidenpapier
matter Akryllack

Zubehör

Trapezmesser
Metalllineal
Schneidematte
Behälter für Tapetenleim
mittlerer Haarpinsel
Naturschwamm

1 Zwei16,5 x 20 cm große Rechtecke aus Pappe schneiden. Den Spiegel in die Mitte von einem Stück legen, damit er an den Seiten und am Boden passt. Ein Fenster aus der Mitte des anderen Rechtecks schneiden, wobei ein Rand von 4 cm gelassen wird.

2 Alle Pappestücke mit Tapetenleim bestreichen. Trocknen lassen. Das Zeitungspapier in Streifen reissen und mit Leim bedecken. Die Rahmenvorderseite bedecken. Distanzpappe an den Seiten und unten auf der Rücktafel aufkleben und mit Papiermaché-Streifen bedecken. Trocknen. Zweite Lage auftragen.

3 Wenn das Papiermâché trocken ist, die Innenflächen des Rahmens schwarz anmalen, um mögliche Lichtreflexe im Spiegel zu vermeiden.

4 Die Büroklammer öffnen und ein Ende durch das Papiermâché am mittleren Rahmenrücken ziehen. Zeitungsstreifen über die Büroklammer kleben, wobei das obere Ende als Haken hervorsteht.

5 Die Vorderseite des Rahmens an den Rücken mit mehr verleimten Zeitungsstreifen anbringen Die gefalteten Streifen über das obere Ende des Rahmens zur Verstärkung kleben. Nach dem Trocknen den Rahmen mit Akrylgesso bemalen.

6 Den Schwamm benutzen, um den ganzen Rahmen mit dünner gelber Farbe zu bedecken. Trocknen, mit grüner Farbe ebenso verfahren.

7 Zitronenmuster ausreissen und dann auf dem Rahmen anordnen. Die Lücken zwischen den Zitronen mit kleinen Stücken bedrucktem Papier füllen. Ankleben.

8 Für ein sanftes Muster kleine weiße Seidenpapierstücke ausreissen und aufkleben, sie dabei leicht verrunzeln und andere Muster an den Rändern überdecken lassen. Wenn der Kleber trocken ist, mit 2 Lagen mattem Lack anstreichen und den Spiegel oben einführen.

WAND-SCHIRM

Dieser Wandschirm ist mit farbigen Fotokopien von Blumen und Blättern dekoriert. Die zu verwendende Farbenpalette ist beinahe grenzenlos. Die Verbindung von delikatem Goldseidenpapier mit fotokopierten Pflanzen ist sehr eindrucksvoll.

SIE BRAUCHEN

Material

unbemalter Schirm
pergamentfarbige, matte Latexfarbe
weißes Seidenpapier
Goldene Sprühfarbe
Tapeten- oder Weißleim
frische Blumen und Blätter
getrocknete Blumen und Blätter
handgemachtes Papier
klarer Öl- oder Wasser-Samtlack

Zubehör

mittlerer Flachpinsel
Bleistift
Bandmaß
Lineal
Schere
Trapezmesser
Schneidematte
Schablonenkarton

1 Den Schirm mit Pergamentfarbe und mittlerem Flachpinsel bemalen. Ganz trocknen lassen, dann die zweite Lage Farbe auftragen.

2 Der Schirm wird mit Seidenpapier-Quadraten dekoriert, daher senkrechte und waagrechte Leitlinien mit Bleistift, Bandmaß und Lineal aufzeichnen.

3 Das Seidenpapier mit Goldfarbe besprühen. Die Quadrate mit Pinsel und Tapeten- oder Weißleim auftragen.

4 Seidenpapier zuschneiden, damit es oben auf das gebogene Ende des Schirms passt. Ankleben. Frische Blumen und Blätter fotokopieren. Vorsichtig mit Trapezmesser auf der Schneidematte ausschneiden.

5 Getrocknete Blumen und Blätter aus-suchen und damit den oberen Schirm dekorieren.

6 Dann die Pflanzenfotokopien auf dem Schirm nach Wunsch anordnen und festkleben.

7 Die getrockneten Blumen und Blätter auf dem gebogenen, oberen Ende anordnen und festkleben.

8 Gezahntes Muster aus Schablonenkarton anfertigen und zum Ausschneiden von Randstreifen aus handgemachtem Papier verwenden.

9 Streifen an den Schirmrand kleben. Wenn der Kleber trocken ist, den Schirm mit zwei Lagen Samtlack bestreichen.

SCHUH-ABDRÜCKE

Besondere Schuhe verdienen ein eigenes Heim. Diese stabilen Weinkisten können als eleganter Aufbewahrungsort für Arbeits- wie auch Ausgehschuhe dienen. Die Kisten werden mit verschiedenen Sorten Zeitungspapier ausgelegt: Lederschnürschuhe in die Finanzseiten, Tanzschuhe in die Comics und lila Ausgehschuhe in die Kunst- und Literaturseiten.

SIE BRAUCHEN

Material

hölzerne Weinkisten
Weißleim
verschiedene Zeitungsseiten
klarer, matter Lack oder Schellackpolitur

Zubehör

Sandpapier
Behälter für Weißleim
kleiner Flachpinsel
Trapezmesser

1 Jede Kiste absanden. Dann Weißleim 1 zu 1 mit Wasser mischen und eine Lage innen auftragen.

2 Noch eine Schicht Weißleimmischung auftragen, dann Zeitungspapier überall innen glatt ausbreiten. Der Kleber wird vom Papier aufgesaugt. Unverdünnten Weißleim entlang den oberen Rändern auftragen und Papier darüber glätten. Trocknen lassen, ehe mehr Papier und Kleber aufgelegt wird - für ein unregelmäßiges Muster.

3 Ganz trocknen lassen, dann entlang dem oberen Außenrand mit dem Trapezmesser abtrimmen.

4 Die Kiste mit klarem, mattem Lack oder, wenn Sie gealtertes Aussehen vorziehen, mit Schellackpolitur bedecken. Trocknen, dann eine oder mehrere Lagen auftragen.

YEEARGH!

HUT-
KARTON

Eine traditionelle Hutschachtel kann vielerlei aufbewahren und ist ein attraktives Schaustück. Hier wird eine einfache Art des Decoupage mit Packpapier gezeigt. Zeitungsbilder und Grußkarten kann man ebenfalls verwenden.

SIE BRAUCHEN

Material
Hutkorb aus Pappe
weiße Latexfarbe
Plakatfarbe
Geschenkpapier
Weißleim
farbiger Lack

Zubehör
großer Haarpinsel
feines Sandpapier
Naturschwamm
Lappen
Schere
Behälter für Weißleim

1 Hutkorb mit weißer Latexfarbe bemalen. Mit feinem Sandpapier abreiben und mit Naturschwamm eine wässrige Lage Plakatfarbe zum Altern auftragen. Dabei etwas Farbe mit dem Lappen entfernen.

2 Bilder aus dem Geschenkpapier schneiden. Klebebereit auf dem Korb anordnen.

3 Die Bilder mit verdünntem Weißleim auf den Korb kleben und trocknen lassen.

4 Den Korb mit Farblack bestreichen. Etwas Farbe mit dem Lappen entfernen damit er älter wirkt.

SCHUHKARTON

Die dekorierenden Schuhbilder auf dieser Schachtel wurden in kalten Tee getaucht, um sie zu altern. Verschiedene Bilder können je nach Schachtel benutzt werden: Hutbilder auf einem Hutkorb, oder Juwelen auf einer Schmuckschachtel. Alte Kleiderkataloge, Grußkarten und Technische Anleitungen der Jahrhundertwende sind gute Bildquellen.

SIE BRAUCHEN

Material

braunes Packpapier
Schuhkarton
Papierkleber
alte Schuhkataloge
kalter Tee

Zubehör

kleine,scharfe Schere
kleines Schüsselchen
Nadeln und Korkbrett

1 Für den Schuhkarton passende Packpapierstücke ausschneiden. Den Karton und Deckel ganz zudecken und festkleben. Die Bilder grob aus den Katalogen ausschneiden.

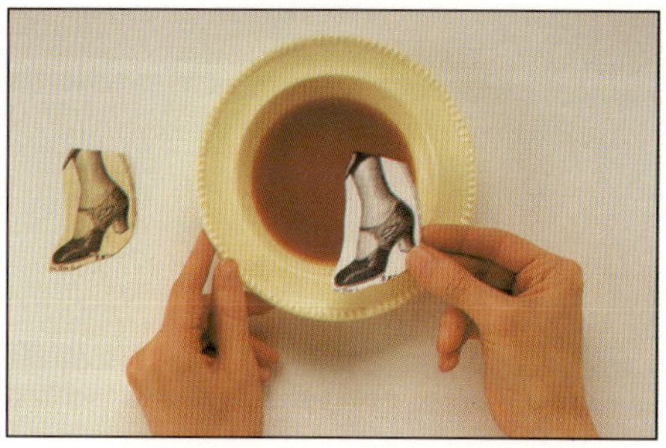

2 Kleine Schüssel mit kaltem Tee füllen und jedes Bild ein Paar Sekunden eintauchen. Zum Trocknen am Korkbrett aufhängen. Die Bilder senkrecht aufhängen, damit sie nicht verrunzeln. Wenn sie sich etwas falten, schnell mit dem Bügeleisen auf der Rückseite glätten.

3 Sie Bilder ausschneiden und auf Karton und Deckel anordnen.

4 Wenn sie mit dem Muster zufrieden sind, alle Bilder ankleben. Zwei Lagen Lack auftragen.

RAUMTEILER MIT GEBÄUDE-ZEICHNUNGEN

Während des 18. Jahrhunderts war es modern Bilderzimmer einzurichten, für die Gravuren ausgeschnitten und in formellen Mustern an die Wand gehängt wurden. Hier werden schwarzweiße Gebäudezeichnungen für einen eleganten Wandschirm verwendet. Er ist mit Enteneierblau bemalt, einer im späten 18. Jahrhundert sehr beliebten Farbe.

SIE BRAUCHEN

Material

vorgefertigte, dreiteiliger Wandschirm
Holzgrundierung auf Wasserbasis
enteneierblaue Latexfarbe
schwarzweiße Bilder
Weißleim
schwarze Akrylfarbe
klare Akrylfarbe
Klavierangeln und -schrauben

Zubehör

kleiner und mittlerer Flachpinsel
feines Sandpapier
Schneidematte
Behälter für Weißleim
Trapezmesser
Bleistift
Lineal
Schraubenzieher

1 Die Tafeln mit der Grundierung bemalen. Leicht mit Sandpapier abreiben, dann eine Lage enteneierblaue Farbe auftragen.

2 Die schwarzweissen Bilder auf die Matte legen und vorsichtig mit dem Trapezmesser ausschneiden.

3 4 cm Rand um die oberen, unteren und äußeren Ränder der Seitentafeln und unten an der Mitteltafel zeichnen. Die Tafeln in gleichgroße Zonen teilen und aufstellen. Ausschnitte auf den Tafeln anordnen und mit verdünntem Weißleim aufkleben.

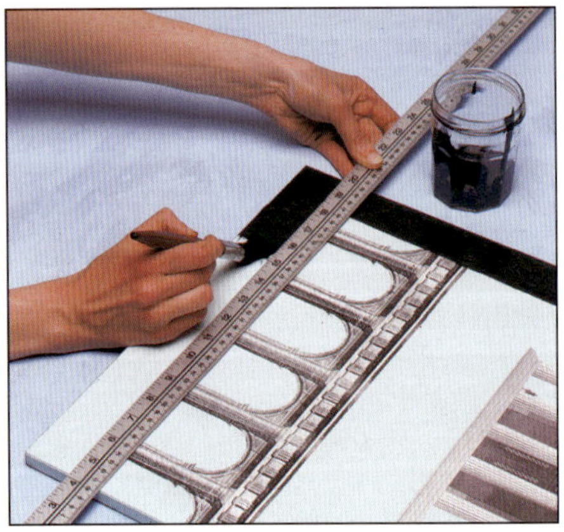

4 Alle kontinuierlichen Muster mit dem Trapezmesser trennen, wenn Kleber trocken ist. Rand schwarz anmalen, dabei eine gerade Kante als Führung benutzen. Tafeln trocknen, dann mit zwei Lagen Lack bestreichen. Angeln anbringen.

KLEIDER-BOARD

Mit Bildern aus Büchern, Zeitschriften und Postern ist dieser moderne Entwurf das Möbel für Kinderzimmer. Etwas Erfahrung mit Holzarbeiten ist nötig, um die Garderobe zu bauen. Sie können auch eine vorgefertigten Garderobe benutzen. Lassen Sie Ihre Kinder eigene Collagen machen.

SIE BRAUCHEN

Material

1 cm dickes, mittelschweres Faserbrett (MSF)
enteneierblaue Latexfarbe
Zeitungsbilder
einfaches Buntpapier
Weißleim
3 Holzknöpfe
silberne Akrylfarbe
3 versenkte Schrauben
klarer, matter Wasserakryllack
2 Spiegelplatten und Schrauben

Zubehör

Lineal
Bleistift
Laubsäge und Schutzmaske
kleiner Flachpinsel
Trapezmesser
Schneidematte
mittlerer Haarpinsel
Behälter für Weißleim
Bohraufsätze
Schraubenzieher

1 Dem Muster gemäß den Umriss des Kleiderständers mit Lineal und Bleistift auf Faserbrett aufzeichnen. Mit der Laubsäge ausschneiden. Schutzmaske tragen.

2 Den Kleiderständer mit zwei Lagen enteneierblauer Latexfarbe anmalen, zwischen den Lagen ganz trocknen lassen.

3 Bilder mit Trapezmesser und Matte ausschneiden.

4 Drei l0 cm Kreise aus einfachen Papier ausschneiden. Die Rücken mit Kleber bestreichen und unter den Spitzen platzieren.

5 Die Motive auf der Garderobe anordnen und ankleben. Mit Lieblingsbildern anfangen und die anderen darum herum koordinieren.

6 Holzknöpfe mit silberner Akrylfarbe anmalen und trocknen lassen.

7 Drei Löcher bohren, eins durch die Mitte jedes Papierkreises. Die Löcher auf der Rückseite versenken. Mit versenkten Schrauben die Knöpfe anbringen. Die Garderobe lackieren und trocknen lassen.

8 Einen Haken an beiden Enden der Garderobe anbringen.

HANDGETÖNTER BILDERRAHMEN

Um diesen Rahmen zu dekorieren werden schwarzweiße Bilder von Hand getönt, damit sie gegen den Hintergrund passen. Ein anderer Effekt kann erreicht werden, wenn die Bilder getönt mit dem Rahmen kontrastieren sollen. Sie können die Bilder auch in kalten Tee eintauchen, um den Effekt gealterten Fotos zu erzielen oder sie mit Farbe bemalen.

SIE BRAUCHEN

Material

bemalter Bilderrahmen
schwarzweiße Bilder
zum Rahmen passende Farbe
Weißleim
klarer, glänzender Lack

Zubehör

feines Sandpapier
kleine, scharfe Schere
Behälter zum Farbenmischen
Behälter für Weißleim
mittlerer Haarpinsel

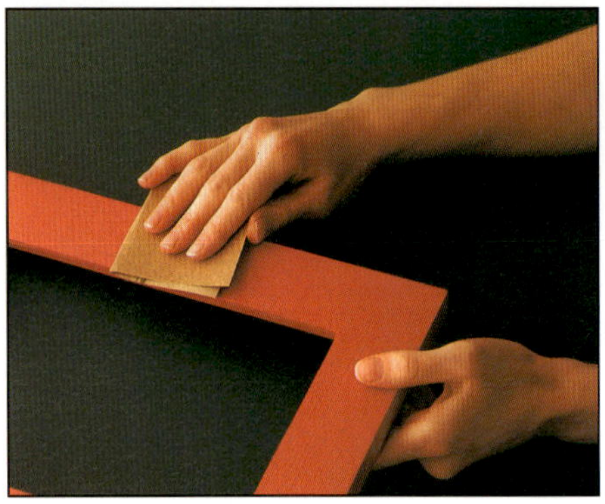

1 Glas und Rücken aus dem Rahmen nehmen. Leicht mit feinem Sandpapier abreiben, um einen unregelmäßigen Alterungsefffekt zu erhalten.

2 Vorsichtig die Bilder abtrimmen, dabei einen kleinen Rand lassen.

3 Eine dünne Farblösung herstellen und jeden Ausschnitt kurz eintauchen bis das Papier verfärbt ist. Zum Trocknen flach hinlegen.

4 Die trockenen Ausschnitte um den Rahmen legen. Wenn die Anordnung Ihnen gefällt, mit Weißleim ankleben.

5 Den Entwurf mit 3 oder 4 Lagen aus klarem, glänzendem Lack fixieren. Trocknen lassen.

6 Nach dem Trocknen ein Bild auswählen. Das Bild in den Rahmen einpassen und Glas und Rücken einsetzen.

BLUMENUHR

Mit einer Uhrenmechanik können Sie Ihr eigenes Ziffernblatt entwerfen. Hier werden einfache aber wirkungsvolle Materialien verwendet, um eine schöne Uhr in der Gestalt einer Decoupage-Blume herzustellen.

SIE BRAUCHEN

Material

weiße Pappe
Goldpapier
Bilder von Blumen und Blättern
Weißleim
klarer Akryllack
Uhrenmechanik und -zeiger

Zubehör

großer Teller
Kugelschreiber
Tasse oder Schüsselchen
Trapezmesser
Ahle
Schere
Behälter für Weißleim
mittlerer Haarpinsel
feuchter Lappen
kleiner Haarpinsel

1 Um einen großen Teller auf weißer Pappe herum zeichnen, dabei genug Rand lassen für tassengroße Blütenblätter. Um eine Tasse oder ein Schüsselchen zeichnen, um halbkreisförmige Blätter am Kreisrand zu erhalten.

2 Mit dem Trapezmesser die Blume ausschneiden und in der Mitte mit der Ahle ein Loch für die Zeigerspindel durchstechen.

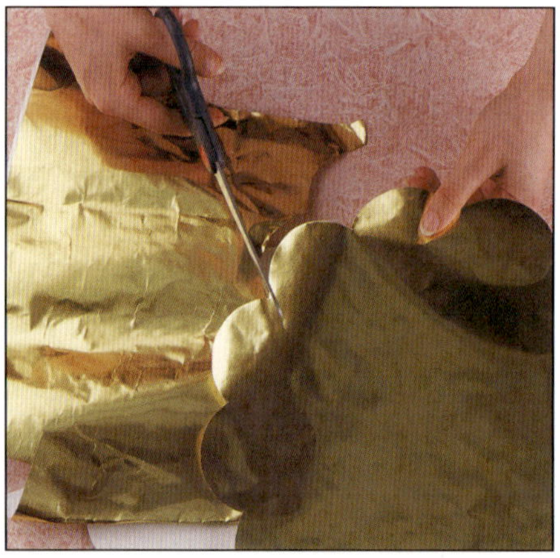

3 Die Blume als Muster verwenden und auf die Rückseite des Goldpapiers aufzeichnen. Mit der Schere ausschneiden.

4 Blumen und Blätter aus Packpapier und Zeitschriften ausschneiden. Die Goldpapierblume mit Weißleim auf die Pappunterlage kleben.

5 Die Blumen und die Blätter mit Weißleim auf den Goldhinter-grund kleben. Überschüssigen Kleber mit feuchtem Lappen wegwischen.

6 Eine Lage Akryllack auftragen und trocknen lassen. Das Gewinde und die Zeiger anbringen.

STIL-LEBEN

Klassische holländische Tulpen in einem Stilleben dargestellt haben zeitlosen Reiz. Kreieren Sie Ihren eigenen Strauß und erhalten Sie ihn für immer auf einer Schachtel, einem Tisch oder Tablett. Der Entwurf ist recht einfach, aber Vorsicht ist geboten, um die Stücke genau einzusetzen.

SIE BRAUCHEN

Material

kleine Schachtel mit Deckel
Latexfarben: weiß und gelb
Reproduktion eines alten Blumendrucks
Weißleim
grünes Papier
klarer, wasserlöslicher Samtakryllack

Zubehör

mittlerer und kleiner Flachpinsel
kleine, scharfe Schere
Behälter für Weißleim
mittlerer Haarpinsel
Trapezmesser
Lineal
Schneidematte

1 Schachtel und Deckel mit weißer Latexfarbe bemalen und trocknen. Dann zwei Lagen gelbe Latexfarbe auftragen.

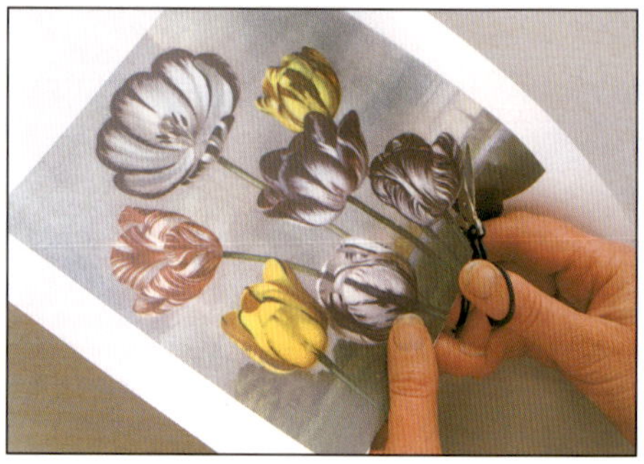

2 Farbfotokopien des Drucks anfertigen und die Blumen vorsichtig mit einer kleinen, scharfen Schere ausschneiden.

3 Die Blumen auf dem Deckel anordnen. Die Stiele eng zusammen legen, damit Sie einen Strauß bilden. Mit Weißleim und kleinem Pinsel festkleben.

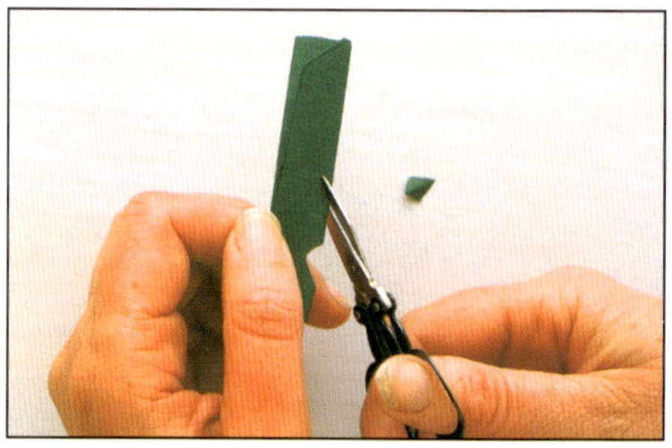

4 Aus grünem Papier Rechteck ausschneiden. Zwei Mal der Länge nach in der Mitte falten. Aus der Falt-kante drei kleine Dreiecke schneiden. Das Papier öffnen und auf den Deckel kleben, so das es eine Vase bildet.

5 Um die Blumen auf dem Deckel und den Seiten der Schachtel anzuordnen, jede Blume gegen den Deckel halten und knicken.

6 Entlang des Knicks mit dem Messer scheiden, dabei ein Lineal zur Führung verwenden.

7 Die Blumen auf dem Deckelrand festkleben, dann die anderen Blumen anpassen und einkleben. Übrige Blumen um die Schachtel herum befestigen.

8 Die fertige Schachtel mit 3 oder 4 Lagen Samtlack besteichen. Zwischen den Lagen gründlich trocknen lassen.

STERNZEICHEN-UHR

Der Lauf der Zeit ist die Grundlage der Astrologie. Während die Sterne durch das Firmament wandern, können Sie über die Bedeutung der Zeit mit dieser modischen Uhr nachdenken. Batteriebetriebene Uhrenmechaniken sind leicht zu bekommen. Sie müssen nur noch das Ziffernblatt anfertigen.

SIE BRAUCHEN

Material

dicke, weiße Pappe
Sternzeichen
Weißleim
schwarze Akrylfarbe
klarer Akryllack
Uhrenmechanik und -zeiger

Zubehör

Scheren
Zirkel
Bleistift
Trapezmesser
Weißleim
feiner Haarpinsel
kleiner Flachpinsel

1 Ein 20 cm großes Pappquadrat ausschneiden. Mit dem Zirkel einen etwas kleineren Kreis zeichnen. Ein noch kleineren Kreis für die Zeigerspindel ausschneiden. Die Sternzeichen fotokopieren oder Muster verwenden und ausschneiden.

2 Die zwölf Sternzeichen in richtiger Folge um das Ziffernblatt anordnen. Die 3, 6, 9 und 12 entsprechenden Zeichen zuerst auflegen, dann die anderen. Mit Weißleim festkleben.

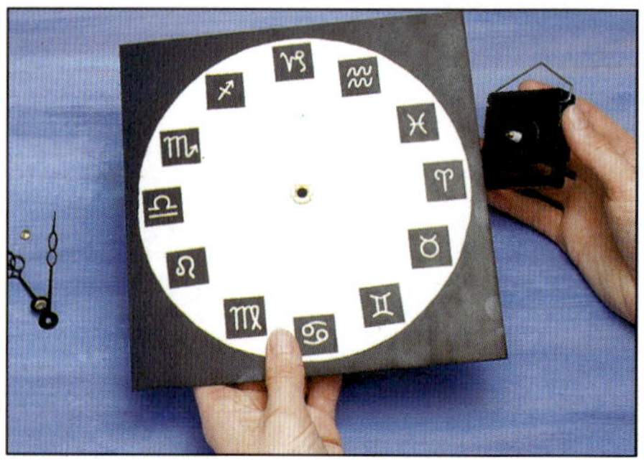

3 Mit einem Flachpinsel den Bereich um das Ziffernblatt schwarz anmalen. Trocknen lassen, dann mit zwei Lagen Lack bestreichen. Mechanik und Zeiger anbringen.

Bunte Formen und Bilder erwecken alte oder langweilige Spielzimmermöbel zu neuem Leben. Hier wird eine eintönige Spielzeugkiste mit etwas Farbe und Bildern verjüngt. Lack schützt das Papier gegen Abnutzung, und die Dekoration ist robust.

SIE BRAUCHEN

Material

Holzspielzeugkiste
Latexfarben in fünf bunten Farben
Kindergeschenkpapier
Weißleim
klarer Akrylsamtlack

Zubehör

feines Sandpapier
kleiner Flachpinsel
Scheren
mittlerer Haarpinsel

1 Zuerst die Spielzeugkiste abreiben. Jede Kistenseite mit einer anderen Latexfarbe bemalen. Die Farbe trocknen lassen, dann ein zweites Mal bemalen.

2 Die Formen vorsichtig aus dem Geschenkpapier ausschneiden.

3 Die Papierformen auf der Kiste zu einem schönen Muster anordnen. Mit Weißleim festkleben.

4 Wenn der Kleber trocken ist, Kiste lackieren und mit Spielzeug füllen.

GESCHENKPAPIER IM GRIECHISCHEN STIL

Dies Geschenkpapier bietet ein einfaches, wiederholendes Muster, aber Sie können auch eine Mischung verschiedener Bilder, Buchstaben und Nummern für Ihr persönliches Papier verwenden.

SIE BRAUCHEN

Material

schwarzweißes Bild
Papierkleber
weißes Papier, groß und klein
rotes Moiré-Samtband

Zubehör

Scheren
bunte Filzstifte

1 Wenn Sie eine Bildvorlage ausgesucht haben, 3 Fotokopien erstellen. Ausschneiden und in einer Linie aufkleben. 10 oder mehr Mal kopieren.

2 Sie verfügen nun über 30 Bilder, die Sie ausschneiden und auf weißem Papier anordnen können.

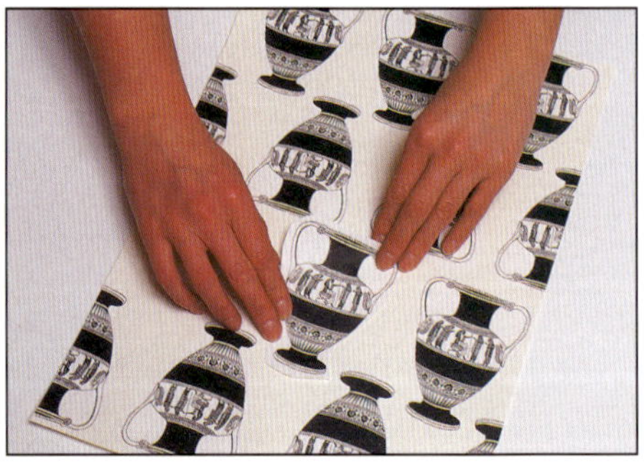

3 Die erste Reihe lässt Platz als Hintergrund für die nächste Vasen-reihe. Die Motive der zweiten Reihe sind umgekehrt und reichen in die Lücken der ersten Reihe hinein.

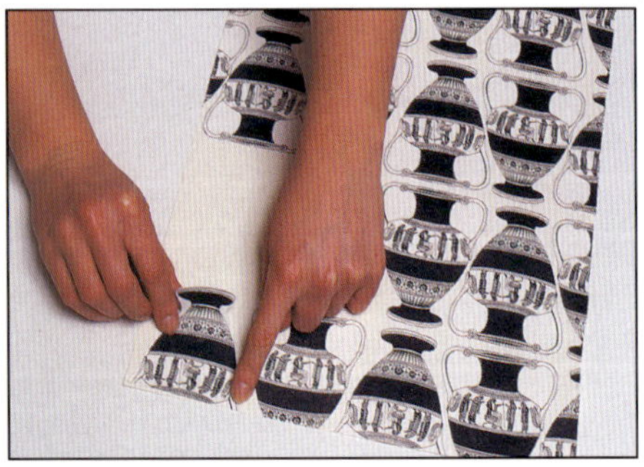

4 Diese Anordnung lässt weniger Raum. Die Vasen stehen Basis an Basis, Mund zu Mund. Einige Vasen halbieren, um den rechten Rand zu füllen.

5 Fotokopieren Sie das Papier auf ein größeres Blatt. Sie können es in dieser Phase auch für kleinere Geschenke verkleinern. Mit Filzstiftfarben experimentieren.

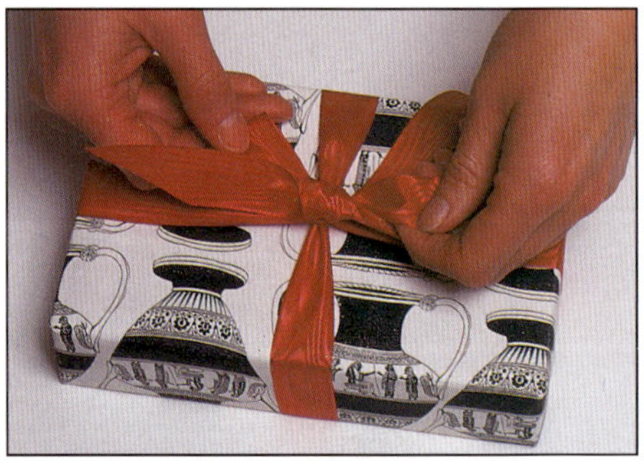

6 Das schwarzweiße Papier kontrastiert mit diesem ausschweifendem roten Bogen.

HASENATTRAPPE
Muster 75% natürlicher Größe

HASENATTRAPPE (STÄNDER)
Muster 70% natürlicher Größe

KLEIDERSTÄNDER
Muster 100% natürlicher Größe

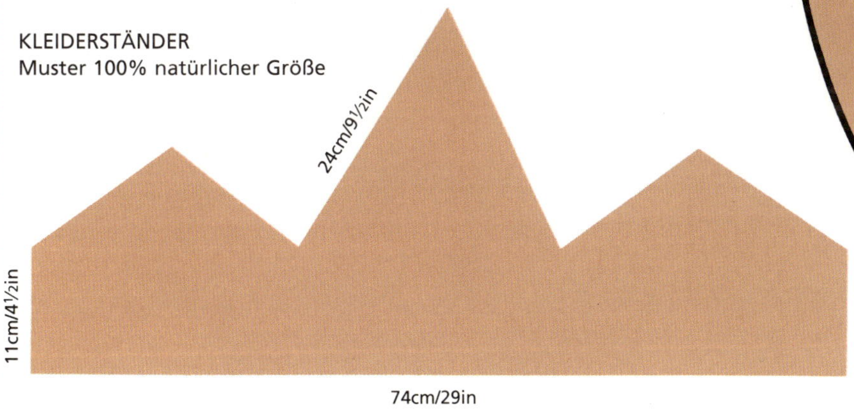

STERNZEICHEN-UHR
Muster 75% natürlicher Größe

SCHERENSCHNITTE UND COLLAGEN

Papier ist für die hohe Kunst des Scherenschnitts geradezu prädestiniert, da selbst die schwierigsten Muster möglich sind. Entwürfe können einfach oder kompliziert ausfallen und dem individuellen Geschmack entsprechen. Scherenschnitte eignen sich gut als Geschenle oder für Liebeszeichen, aber auch zu dekorativen Zwecken. Hier finden Sie Scherenschnitte für Packpapier und Geschenkanhänger, Marmeladengläser, Karten und Lesezeichen. So verschiedene Gegenstände wie Kisten, Trennwände, Schirme und sogar Kaminverkleidungen werden durch Scherenschitte schöner.

Mit etwas Zeit und Geduld lassen sich auch schwierige Entwürfen mit den entsprechenden Werkzeugen meistern: eine Qualitätsschere, und ein ebenso scharfes Trapezmesser oder Skalpel sind unerlässlich. Um Ihre Arbeitsfläche und Klingen zu schützen, sollten Sie auf einer Unterlage arbeiten.

Das Wort Collage ist vom französischen Verb „coller“ - kleben - abgeleitet und eine nützliche Art, Papierreste zu verbrauchen. Experimentieren Sie mit verschiedenen Papierstrukturen, um Objekte zu schaffen und lassen Sie Ihrer Kreativität freien Lauf.

SCHNEEFLOCKEN

Es gibt unendlich viele Muster, die Sie mit einfachen Schnitten in gefaltetem Papier herstellen können. Durch Verwendung von glänzendem Papier können Sie Ornamente herstellen, die wie Schneeflocken aussehen. Die Muster am Ende dieses Buches werden Ihnen helfen, die Schneeflocken zu reproduzieren und eigene Entwürfe zu entwickeln.

SIE BRAUCHEN

Material

Auswahl von Silber-, Gold- und Glanzpapier
Goldfaden

Zubehör

Zirkel
Bleistift
Schere: klein und groß
Pauspapier
Trapezmesser
Schneidematte

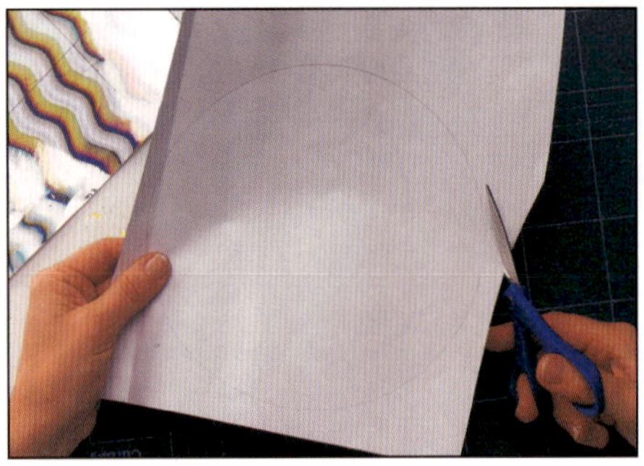

1 Mit dem Zirkel einen Kreis auf der Rückseite des reflektierenden Papiers zeichnen und ausschneiden.

2 Den Kreis dreimal falten, dabei die Ränder bündig halten.

3 Die Schneeflockenmuster fotokopieren. Einige vergrößern. Ein Segment abpausen.

4 Die Kopie auf das gefaltete, Glanzpapier übertragen.

5 Mit der kleinen, scharfen Schere die gepausten Formen ausschneiden. Den Kreis entfalten und glätten.

6 Mit dem anderem Papier ebenso verfahren. Innenschnitte mit dem Trapezmesser anbringen.

7 Für das Kurvenmuster den Kreis wie üblich falten. Den ersten Teil mit der Schere ausschneiden.

8 Auseinanderfalten. In die andere Richtung mittig falten, entlang der Falte dreieckige Kerben schneiden.

9 Goldfaden anbringen, um die Schneeflocken aufzuhängen.

DEKORIERTE EIER

In der Schweiz werden komplizierte symmetrische Muster, die Natur und das Landleben darstellen, aus schwarzem, gefaltetem Papier geschnitten. Diese können an ein Ei angepaßt werden, da das Papier sehr flexibel ist.

SIE BRAUCHEN

Material

schwarzes Kunstpapier
weiße Hühnereier, ausgeblasen
Tapetenleim
Akryllack

Zubehör

scharfe Schere: klein und groß
Zackenschere
Behälter für Tapetenleim
Haarpinsel
Büroklammer

1 Mit der großen Schere einen 3 mm breiten Papierstreifen, mit der Zackenschere zwei Streifen gleicher Breite ausschneiden. Sie müssen um das gesamte Ei reichen.

2 Tapetenleim auf das Ei und die Papierstreifen streichen. Streifen wie gezeigt aufkleben. Das Muster nachzeichnen.

3 Ein 10cm-Quadrat ausschneiden und in der Mitte falten. Die gerade Seite des Musters an die Falte setzen und mit einer Heftklammer befestigen. Mit der kleinen Schere das Muster ausschneiden.

4 Den Leim auf einer Seite des Eies und den Rücken des Ausschnitts auftragen. Mittig auf das Ei setzen und vorsichtig glätten. Mit der anderen Seite wiederholen. Trocknen und lackieren.

ITALIENISCHER ROKOKO-SCHERENSCHNITT

Dieser anspruchsvolle Scherenschnitt wird aus dünnem Papier hergestellt, gefaltet und mit dem Trapezmesser ausgeschnitten. Er ist sehr fragil und sollte fixiert und eingerahmt werden.

SIE BRAUCHEN

Material

weißes Papier
dünnes, schwarzes Papier

Zubehör

Sprühkleber
Trapezmesser
Schneidematte
Pauspapier
Metalllöffel

1 Das Muster auf weißes Papier fotokopieren. Das schwarze Papier in in der Mitte falten.

2 Mit Sprühkleber das fotokopierte Muster auf das gefaltete Papier kleben.

3 Das Muster von der Mitte nach außen vorsichtig ausschneiden.

4 Das Muster vorsichtig entfernen. Beim Glattpressen mit etwas Pauspapier bedecken und mit einer Löffelunterseite reiben.

PORTRÄTS

Dieses Projekt benutzt moderne Technik, indem es mit einer Fotografie anfängt, aber das Endergebnis hat das authentische Aussehen eines alten Silhouettenporträts. Das aufzunehmende Motiv vor ein grelles Licht stellen, entweder einem sonnigen Fenster oder einem von hinten beleuchteten, weißen Papier. Dadurch werden Details im Vordergrund ausgeblendet und es entsteht eine dunkle Silhoutte .

SIE BRAUCHEN

Material

Motivaufnahme
dünnes, schwarzes Papier
Fotokarton
Alleskleber
Rahmen

Zubehör

Abdeckband
Pauspapier
harter Bleistift
Trapezmesser oder kleine, sehr scharfe Nähschere
Schneidematte (wahlweise)

1 Einen Streifen Abdeckband auf dem Rücken des Fotos so kleben, dass es an beiden Seiten hervorsteht.

2 Pauspapier darüber legen; das Band hält das Pauspapier fest. Vorsichtig um das Profil herum zeichnen.

3 Die Rückseite der gepausten Form mit einem Bleistift reiben.

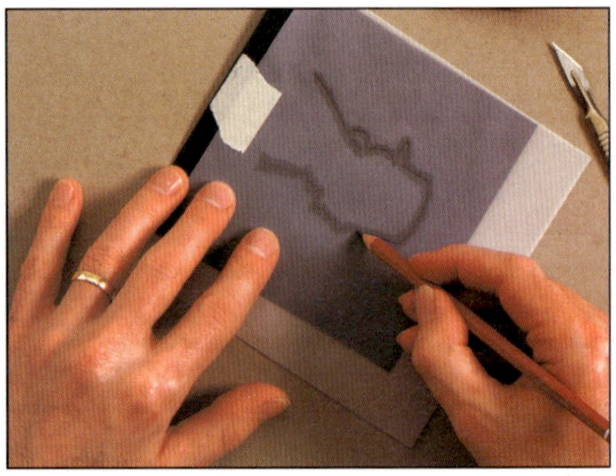

4 Die gepauste Form mit Abdeckband festmachen. Mit einem harten, scharfen Bleistift die Pause nachzeichnen.

5 Die Silhouette am Hinterkopf anfangend mit einem scharfen Messer ausschneiden. Das Papier bewegen, um saubere Linien zu schneiden. Das Messer aufrecht halten, damit Sie nur mit der Spitze schneiden. Sie können auch eine kleine, sehr scharfe Nähschere verwenden.

6 Die Gesichtszüge ausschneiden und das Bild heraus trennen. Die schwarze Silhouette auf Fotokarton kleben und in einen Rahmen passen.

TRADITIONELLE VALENTINSKARTE

Die Tradition der Valentinskarten ist mindestens 200 Jahre alt. Männer und Frauen schnitten komplizierte, mit Herzen, Bändern, Vögeln, Blumen und Sternen verzierte Liebeszeichen zurecht. Dieses Projekt verwendet handgemachtes Papier mit grober Textur für Karten, denen rote und silberne Papierschnitte hinzugefügt wurden.

SIE BRAUCHEN

Material

rotfaseriges, handgemachtes Papier (mit Blüten und Blättermaserung)
einfaches, weißes Papier
silberbezogenes Packpapier
naturfarbenes, handgemachtes Papier
Sprühkleber
strukturierte Silberfolie (nicht Küchenaluminiumfolie)

Zubehör

Pauspapier
Bleistift
Trapezmesser
Schneidematte
Metalllineal
Zackenschere

1 Rotes Papier in der Mitte falten. Weißes Papier darüberfalten um das Schneiden zu vereinfachen.

2 Ein Muster auf das weiße Papier kleben.

3 Mit dem Trapezmesser und der Schneidematte zuerst innen und dann an der Falte schneiden.

4 Das Papier dabei wenden, damit Sie immer in einem bequemen Winkel schneiden.

5 Das silberbezogene Packpapier in der Mitte falten und in den Falz legen. Eine halbherzförmige Form um den Außenrand des Scherenschnitts schneiden.

6 Mit dem Metalllineal ein Stück naturfarbenes, handgemachtes Papier, das etwas größer als das Silberpapier ist, reissen.

7 Mit dem Sprühkleber das Herz und den Scherenschnitt sanft auf das Hintergrundpapier kleben.

8 Die zweite Karte machen, indem die Silberfolie in weißem Papier in Hälfte gefaltet wird. Das zweite Muster nachzeichnen, dann mit der Zackenschere ausschneiden.

9 Ein Muster entlang der Falte schneiden, öffnen und den Folienschnitt auf einen anderen, gerissenen Hintergrund kleben. Kleine Herzen aufkleben.

LIEBESZEICHEN

Ausgeschnittene und gefaltete Liebeszeichen entstanden in der Schweiz und in Deutschland, wo sie sich zu einer Kunst entwickelten, die schöne, symmetrische Kompositionen hervorbrachte. Diese Scherenschnitte wurden aus Lumpenpapier geschnitten und manchmal durchlocht und mit Wasserfarben gefärbt, ehe sie auf einer kontrastierenden Farbe, zumeist Schwarz, fixiert wurden.

SIE BRAUCHEN

Material

einfaches Papier
dünnes, schwarzes Papier
Sprühkleber
Fotokarton
Rahmen

Zubehör

Bleistift
Trapezmesser
Lineal
Schneidematte

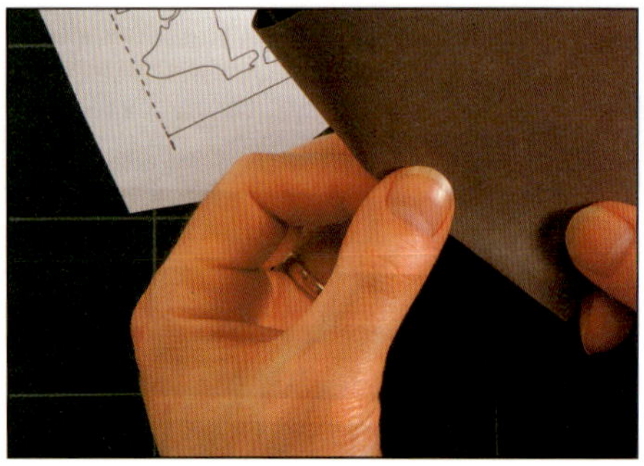

1 Das Muster nach Wunsch vergrößern und auf einfaches Papier zeichnen. Das dünne, schwarze Papier in der Mitte falten.

2 Entlang der mittleren Kante mit Trapezmesser und Lineal schneiden.

3 Auf der Rückseite sehr leicht Sprühkleber auftragen und auf dem Rücken des schwarzen Papiers kleben. Die Formen sehr vorsichtig ausschneiden, dabei nur die Spitze des Messers benutzen. Das Papier dabei wenden, so dass Sie immer in einem bequemen Winkel schneiden.

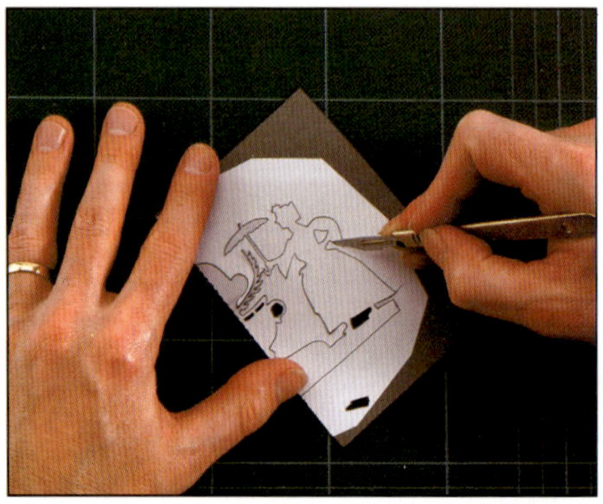

4 Das schwarze Papier vom Muster entfer-nen. Dabei sehr vorsichtig sein. Der Scherenschnitt ist empfindlich und reisst leicht.

5 Den Scherenschnitt auffalten, auf Fotokarton kleben und einrahmen.

PAPIER-LATERNEN

Die an Matisse erinnernden Muster dieser schönen, handgemachten Papierschirme zaubern ein sehr romantisches Lichtspiel an Ihre Wände. Im Falle der dreieckigen Laterne wird die Form nur teilweise ausgeschnitten, damit der Schein der Kerze nach oben gegen den Schirm gerichtet wird und lebendige Schatten an die Decke wirft.

SIE BRAUCHEN

Material

pastelfarbiges, handgemachtes Papier
doppelseitiges Klebeband

Zubehör

Pauspapier
Bleistift
Trapezmesser
Schneidematte
Lineal
Küchenmesser

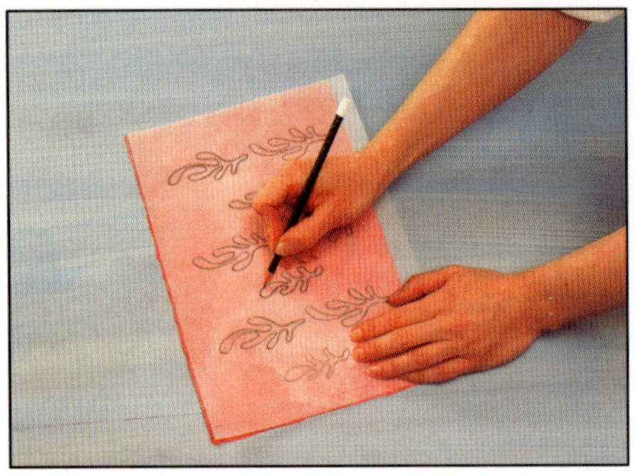

1 Für die zylindrische Laterne das Muster vergrößern, so dass es auf ein handgemachtes Papierblatt von 20 x 30cm Größe passt. Die Motive mit Pauspapier und Bleistift übertragen.

2 Mit scharfem Messer und der Schneidematte vorsichtig um die Linien schneiden.

3 Doppelseitiges Band an einer kurzen Seite der Laterne anbringen und die Matritze abziehen.

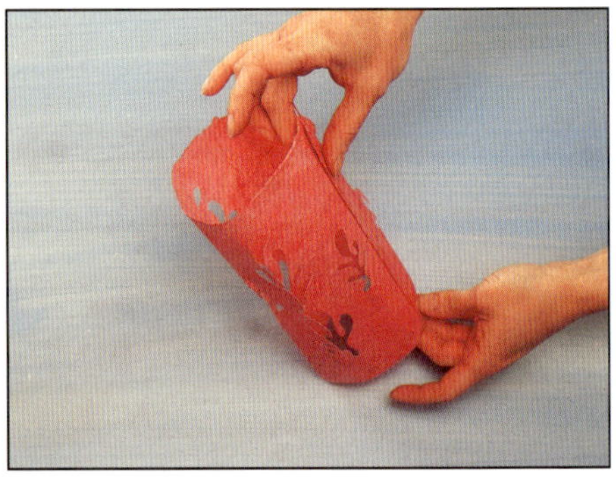

4 Die Laterne zu einem Zylinder biegen und die Überlappungen fest zusammenpressen.

5 Für die dreieckige Laterne die Vorlage wie zuvor vergrößern und den Entwurf auf handgemachtes Papier übertragen Entlang der geschlossenen Linien schneiden.

6 Jedes Motiv entlang der gestrichelten Linie leicht knicken, so dass die Formen etwas abstehen.

7 Auf der Rückseite des Papiers mit dem Lineal und der Rückseite eines Küchenmessers entlang der Faltlinien einkerben.

8 Entlang der eingekerbten Linien knicken und die Laterne in ein Dreieck biegen, wobei der überdeckende Saum durch das doppelseitige Band festgehalten wird.

LAMPENSCHIRM MIT STICH- UND SCHNITTMUSTER

Dieses Projekt verwendet einen vorgefertigten Stehlampenschirm. Obwohl das Muster nicht schwierig zu schneiden ist, sollten Sie sehr vorsichtig beim Umgang mit einem scharfen Trapezmesser sein. Setzen Sie Ihren Finger niemals hinter das Papier.

SIE BRAUCHEN

Material

Lampenschirm aus steifem Papier
schwaches Abdeckband

Zubehör

Pauspapier
Bleistift
Hutnadel oder ähnliches
Trapezmesser
dicke Nadel mit scharfer Spitze

1 Das Ananasmotiv vergrößern. Dann mit Pauspapier und Bleistift abzeichnen und mit dem Abdeckband befestigt auf den Lampenschirm kleben.

2 Das Muster mit der Hutnadel einstechen, dabei die Zacken und Blätter anzeichnen.

3 Die Zacken mit den Stichen als Markierung schneiden. Das Trapezmesser an einem Stich ansetzen und im Bogen schneiden. Den Schirm mit der freien Hand halten. Auf die Klinge aufpassen.

4 Beide Enden der Blätter schneiden und dabei eine „Brücke" in der Mitte lassen. Die Brücke ist für den Entwurf unentbehrlich und ein Ausrutscher kann alles ruinieren.

5 Das stumpfe Ende des Trapezmessers benutzen, um die Formen um 45° vom Hintergrund abzuheben, wobei sie ab ca. 30° Grad die Form halten. Nicht verzagen, wenn die erste Ananas nicht perfekt ist, sie kann zur Wand schauen.

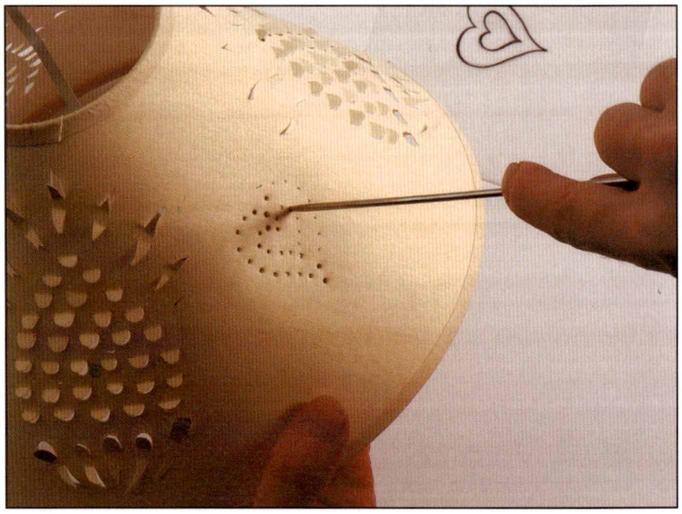

6 Zwei weitere Ananas um den Schirm herum ausschneiden und eine Kopie des Herzes mit Band dazwischen kleben. Mit einer dicken Nadel das Herz einstechen. Den Schirm festhalten, aber dabei die Finger vor der Nadel schützen.

WAND-SCHIRM

Dieser Schirm findet seine Anregung in den traditionellen polnischen Scherenschnitten, die zu bestimmten Jahreszeiten, wie Ostern, gefertigt werden, um Hauswände zu schmücken. Hier werden kühle nordische Farben statt der munteren polnischen Farben benutzt.

SIE BRAUCHEN

Material

vorgefertigter, dreiteiliger Wandschirm
wasserlösliche Holzgrundierung
blaugraue Samt-Holzfarbe
dünnes Papier: weiß, rot, gelb, blau
Tapetenleim
dünne Pappe
starke Klammern
zwei Klavierangeln und Schrauben

Zubehör

kleiner Flachpinsel
Schere
Bleistift
Lineal
Zirkel
Zackenschere
Locher
Behälter für Tapetenleim
Pauspapier
Schraubenzieher

1 Die Schirmtafeln mit Grundierung bestreichen, dann mit zwei Lagen blaugrauer Farbe. Auch die Ränder jeder Tafel bemalen.

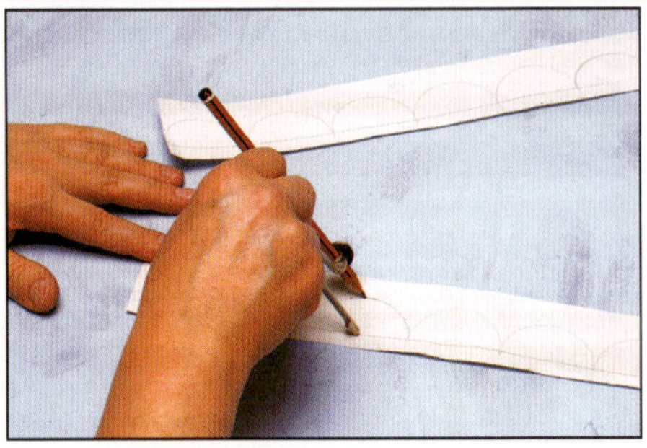

2 Zwei lange und kurze Streifen aus weißem Papier schneiden, die um jede Tafel reichen. Eine Linie 1cm vom Rand anzeichnen. Mit dem Zirkel Halbkreise entlang jedem Streifen zeichnen, um ein Bogenmuster zu erzeugen.

3 Mit der Zackenschere um die gebogenen Ränder der Streifen schneiden. Dekorative Löcher in die Mitte der Halbkreise und entlang der geraden Ränder stechen.

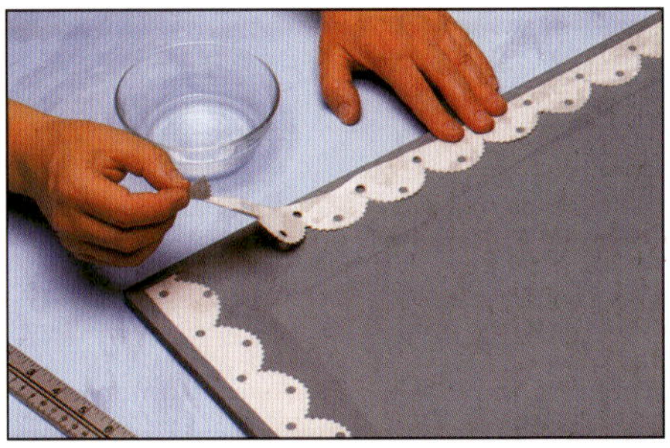

4 Einen 1cm-Rand entlang der Tafelränder zeichnen. Den Tapetenleim dünn anrühren und die Streifen mit Bogenmuster entlang der Linien wie gezeigt aufkleben.

5 Das Blumentopfmuster nachzeichnen und aus dünner Pappe ausschneiden. Ein weißes Blatt Papier in der Mitte falten und die gerade Kante des Musters gegen die Falte halten und festklammern. Für jede Tafel zweimal um das Muster zeichnen und ausschneiden.

6 Vorsichtig die Scherenschnitte auf die Tafeln setzen und mit Tapetenleim ankleben.

7 Kreise aus rotem, gelbem und lila Papier in verschiedenen Größen schneiden. Die roten und gelben Kreise in Viertel falten, einkerben und daraus Blumen schneiden. Die roten und dann die gelben Blumen wie oben mit einem lila Punkt aufkleben.

8 Mit der Zackenschere lila Papierbänder schneiden und damit die Blumentöpfe verzieren. Die Tafeln zusammenhängen.

MARMELADENGLAS-HÄUBCHEN

Hübsche Papierkreise, wie diese, sind perfekt, um Ihr selbst Eingemachtes zum Verschenken oder Verkaufen einzukleiden. Eine Sammlung uneinheitlicher Gläser wird mit dieser Klöppelwerkimitation in einen Satz dekorativer Marmeladentöpfe verwandelt .

SIE BRAUCHEN

Material

handgemachtes Papier
Band

Zubehör

Scheren: klein und groß
Einmachgläser
Bleistift
Schneidematte oder Holzstück
kleiner Locher
kleiner Hammer

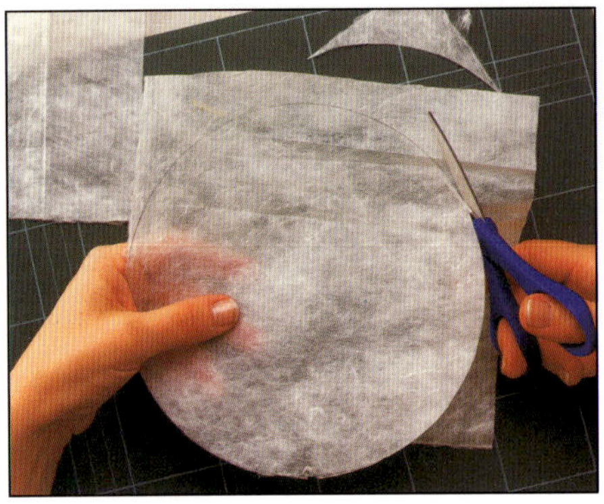

1 Für jedes Glas einen Kreis mit dem zweifachen Durchmesser des Deckels ausschneiden.

2 Den Kreis viermal in der Mitte falten, dabei jedes Mal die Ränder genau aneinanderlegen.

3 Die Herzhälften leicht am Rand vorzeichnen und vorsichtig ausschneiden. Herze einsticheln - eins in der Mitte und zwei an den Rändern.

4 Das Papier auf eine harte Fläche legen. Locher und Hammer benutzen, um Tüpfel einzustechen.

5 Mit der Schere ein Bogenmuster am Rand durch das Ausschneiden von Dreiecken erzeugen.

6 Häubchen ausfalten und glätten. Über den Glasdeckel setzen und mit einem Band befestigen.

LUSTIGER GESCHENKANHÄNGER

Aus Karten und Zickzackbändern geschmücktes Seidenpapier und farbige Zeitungen schaffen Sie ein vorzügliches Geschenkpapier.

SIE BRAUCHEN

Material

bunte Pappe
Seidenpapier oder farbige Zeitungen
kontrastierendes Zickzackband oder Schnur

Zubehör

Schere
Bleistift
Locher
Trapezmesser
Schneidematte

1 Geschenkanhänger aus farbiger Pappe ausschneiden. Blattumriss aufmalen.

2 Loch in die Kartenecke stanzen.

3 Mit einem Trapezmesser und einer Schneidematte den größten Teil des Blattes ausschneiden, dann vom Hintergrund abheben. Das Geschenk in Seidenpapier oder Zeitung wickeln und mit Zickzackband oder Schnur zubinden.

ZWILLINGS-PAPIERSCHNITT

Die Zwillinge sind das Motiv für diese schöne Karte. Die beiden Hälften sind im Muster gleich, eine ist jedoch das Negativ zur anderen. Papierschnitte sind in Polen Tradition, wo sie gewöhnlich nur mit der Schere in der Hand zügig angefertigt werden.

SIE BRAUCHEN

Material

dünne Pappe oder Papier in 2 Farben und ein großes Blatt als Hintergrund

Alleskleber

Zubehör

Pauspapier

Bleistift

Trapezmesser

Schneidematte

Schere

1 Den Entwurf der Vorlage nachzeichnen und nach Bedarf vergrößern. Die Zeich-nung auf der rauhen Seite von bunter Pappe kleben.

2 Mit dem Trapezmesser vorsichtig durch die Pappe schneiden und alle Formen abheben.

3 Pauspapier entfernen, Karte wenden und kontrastierende Farbe für den Hintergrund verwenden. Den Hintergrund doppelt so groß wie die Karte schneiden. In der Mitte falten.

4 Ein Stück kontrastierende Pappe auf eine Seite kleben und die Stücke darauf dem Original entsprechend arrangieren. Ausschnittskarte auf die andere Seite kleben.

LESEZEICHEN

Die Idee für dieses ungewöhnliche Lesezeichen kommt aus einer Sammlung amerikanischer Volkskunst. Kinder wurden stundenlang mit einer Schere und altem, als Spielzeug wieder verwertetem Papier beschäftigt.

SIE BRAUCHEN

Material

buntes Papier
alte Vorlagen
Sprühkleber

Zubehör

Trapezmesser
Lineal
Schneidematte

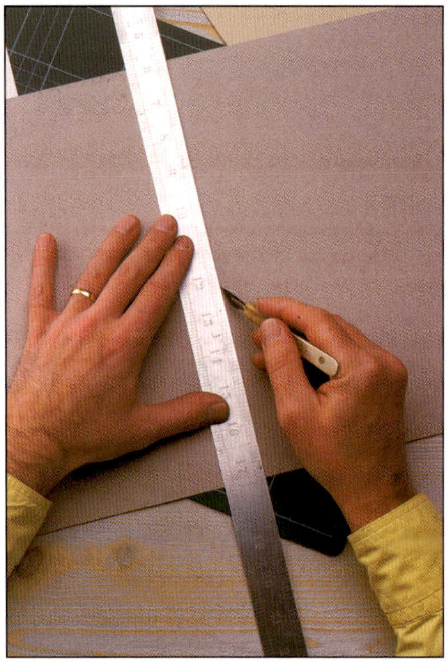

1 Farbiges Papier in A4-Größe verwenden, damit es in den Fotokopierer passt.

2 Die beste Kalligrafie auswählen und auf das Farbpapier fotokopieren.

3 Die geeigneten Teile des fotokopierten Papiers aussuchen. Auf zweifachen Entwurfsgröße trimmen und in der Mitte falten.

4 Dann zwei Fotokopien der Muster erstellen und ausschneiden.

5 Jedes Muster zuschneiden, die Rücken mit Kleber besprühen und vorsichtig entlang der Falten des bunten Papiers aufkleben.

6 Mit einem scharfen Messer vorsichtig alle Innenschnitte ausführen.

7 Um das Muster zu vollenden, um die Außenränder herum schneiden.

8 Das Muster vorsichtig vom Papier abziehen und die ausgeschnittenen Buchzeichen öffnen.

FAHRRAD-COLLAGE

Die Inspiration für dieses Projekt kommt aus der bildreichen polnischen Tradition des buntfarbigem Scherenschnitts. Buntes Papier wird in Paketen mit verschiedenfarbigen Quadraten und Klebeauflagen verkauft. Hier wird der Kleber auch verwendet, um empfindliche Stücke zu befestigen.

SIE BRAUCHEN

Material

bunte, selbstklebende Quadrate, u. a. grau, gelb und grün
Weißleim
Hintergrundpapier

Zubehör

Pauspapier
Bleistift
kleine, scharfe Schere
Trapezmesser
Schneidematte
feiner Haarpinsel
Weißleim

1 Mit Pauspapier alle Musterstücke nachzeichnen, außer den Rädern. Die Zeichnungen auf die farbigen Papierquadrate übertragen.

2 Alle Teile des Radfahrers mit der Schere ausschneiden.

3 Die Teile des Fahrrads mit der kleinen Schere ausschneiden.

4 Graues Papier in der Mitte falten und die Kette ausschneiden.

5 Zwei Kreise für die Räder zeichnen, dann dreimal in der Mitte falten.

6 Ein Segment von beiden Radmustern am Ende dieses Kapitels nachmalen und übertragen. Ausschneiden. Ausfalten und glätten.

7 Die Details für Arme und Beine des Radfahrers zeichnen und ausschneiden. Einen grünen und kleine, gelbe Papierkreise falten, dann Kerben für die Radmitten, die Lampe und Mützenabzeichen einschneiden.

8 Die Kollage zusammensetzen, indem die Details mit Weißleim auf die Kleidung geklebt werden. Dann die Radspeichen dekorieren.

9 Alle Teile auf das Hintergrundpapier legen und erst aufkleben, wenn Sie mit der Anordnung zufrieden sind. der linke Fuß sollte ganz am Ende über die Kette geklebt werden.

BRIEFMAPPE

Liebgewordene Briefe sollte man aufheben, und eine Briefmappe ist genau richtig dafür. Da sie einfach anzufertigen sind, können Sie sie in beliebiger Anzahl herstellen, um ihre Korrespondenz zu sortieren. Mit stilvollen Ausschnitten dekorieren, die den Inhalt anzeigen.

SIE BRAUCHEN

Material

schweres Papier: rot, blau, gelb, orange
Papierkleber
dünne, bunte Papierstücke

Zubehör

Lineal
Bleistift
Schere

1 Ein Rechteck von 47x32cm auf schwerem, bunten Papier ausmessen, zeichnen und ausschneiden.

2 Dem Schema gemäß ein Rechteck formen. Überflüssiges Papier abschneiden und die Seitenstücke in der Mitte zusammenkleben. Den Grundfalz über die Seiten kleben.

3 Handmotiv aus rotem Papier schneiden. Einen Briefumschlag und Briefmarke aus blauem bzw. gelben oder orangen Papier schneiden.

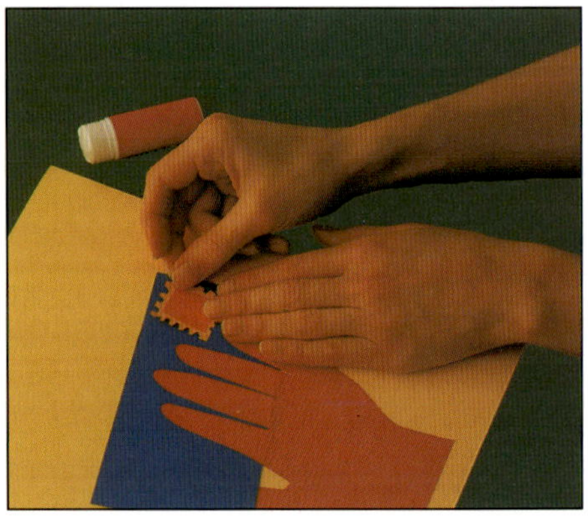

4 Vorsichtig die Ausschnitte aufkleben. Sie können weitere Mappen mit eigenen Entwürfen herstellen.

POLYPEN-GARTEN

Dieser einfache und freundliche Polyp und die anderen Meerestiere bringen Freude in jedes Kinderzimmer. Das Mobile wird einfach aus Papier gerissen und geklebt.

SIE BRAUCHEN

Material

dünne Pappe
einseitig, buntes Papier
Weißleim
Faden

Zubehör

Schere
Bleistift
Locher

1 Zwei gleiche Polypenformen mit dem Muster aus Pappe ausschneiden sowie acht Meerestiere verschiedener Größe.

2 Das Papier so falten, dass die farbige Seite nach innen schaut. Um jede Pappform zeichnen. Jede Form etwas sen. Zwei Kopien aus jaußerhalb der Bleistiftlinie ausreisedem gefalteten Stück herstellen.

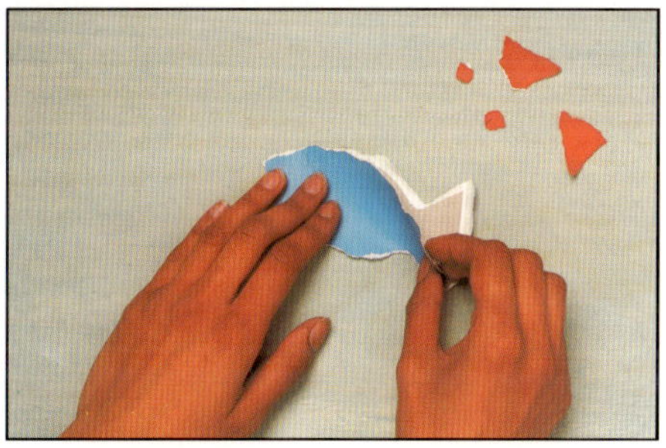

3 Das Papier an beiden Seiten der Pappe ankleben. Aus anderen Farben Augen, Flossen, Schwänze, Schuppen ausreissen und ankleben.

4 Einen Schlitz in beide Polypen schneiden, einen von unten nach oben und einen von oben nach unten. Ein Loch in jedes Armende und zwei in den Kopf schneiden. Ein Loch oben in jedes Meerestier stanzen.

5 Die beiden Poylpenstücke zusammen-setzen. Die Meerestiere mit Fäden an den Krakenarmen befestigen. Mit einem Faden am Polypenkopf aufhängen.

GRUSSKARTEN UND GESCHENKANHÄNGER

Selbstgemachte Grußkarten sollten aufbewahrt werden und geben schöne Geschenke ab. Diese modischen Karten und Geschenkanhänger machen sich die Struktur feiner Wellpappe zunutze. Die Ausrundungen sind aus dünner Manilapappe und Bast gefertigt. Wählen Sie die Vorlagen oder entwerfen Sie eigene Motive.

SIE BRAUCHEN

Material

einfaches Papier
sehr feine, einseitige Wellpappe
Naturbast
Manila- und naturfarbige Pappe
starker Kleber

Zubehör

Pauspapier
Bleistift
Schere
rotierender Locher
große Stopfnadel

1 Die Vorlagen abzeichnen, nach Bedarf ver-größern und auf einfaches Papier übertragen. Die Formen ausschneiden und mit dem rotierenden Locher wo angezeichnet mit der kleinsten Einstellung lochen.

2 Die Papierformen auf die glatte Seite der Wellpappe auflegen und vorsichtig um sie herum mit Bleistift zeichnen. Die Lage aller Löcher anzeichnen, um sich zu vergewissern, dass die Vorlage nicht verrückt wird.

3 Die Formen aus der Wellpappe mit der Schere ausschneiden. Die Löcher wie angezeichnet wieder mit der kleinsten Einstellung des Lochers stanzen.

4 Ein Stück Bast abschneiden und in die Stopfnadel einfädeln. Die Formen mit dem Bast festnähen, dabei nach dem Foto vorgehen. Mit einem kleinen Knoten hinter jeder Form beenden.

5 Große Rechtecke aus Manila- und naturfarbiger Pappe ausschneiden, in der Mitte falten und die gestickten Motive in der Mitte aufsetzen. Kleinere Papprechtecke ausschneiden und ein kleines Loch für die Geschenkanhänger stanzen. Stickmuster aufbringen.

6 Für jeden Geschenkanhänger ein Stück Bast abschneiden und zu einer Schlaufe binden. Die Enden durch das Loch fädeln, dann durch die Schlaufe und festziehen.

GOLD- UND SILBER-VALENTINSKARTEN

Eine selbstgemachte Valentinskarte offenbart Gefühle. Mit Gold- und Silberspitzwerk, samtenen Hintergrund und Putten gibt sie das Wesen der wilhelminischen Karten wieder. Sie lässt sich mit Zierdeckchen, die ihr ein nostalgisches Aussehen verleihen, anfertigen.

SIE BRAUCHEN

Material

Alleskleber
15 cm-Quadrate aus dunkelrosa Papier
20 cm-Quadrate aus Goldpappe
dekoratives Goldzierband
Papierzierdeckchen: silber, weiß
Papierreste: lila und dunkelgrün
Wilhelminisches Puttenmotiv

Zubehör

kleine, scharfe Schere

1 Das rosa Papier auf die Goldpappe kleben, einen gleichgroßen Rand rundherum lassen. Den Rand mit Goldfolienspitzwerk verkleiden. Aus den Zierdeckchen eine Blume für jede Ecke schneiden.

2 4 Blätter und 2 Blumen aus einer weißen Zierdecke schneiden, lila Papier als Rücken benutzen. Ein grosses Rechteck mit dunkelgrünen Rücken für die Mitte aussuchen . Die Formen auf den Hintergrund kleben.

3 Die Silberblumen und weißen Blätter ausschneiden und um die Ränder der Hauptfigur in einem interessanten Muster kleben.

4 Die Putte in die Mitte kleben und einige ausgeschnittene Goldmotive hinzufügen.

GESCHENKANHÄNGER MIT PRESSBLUMEN

Diese Anhänger verbinden die Muster von handgemachtem Papier, Bast und Bändern mit Materialien wie Papierklammern und Verstärkungsringen. Sie sind leicht zusammengestellt und werden mit Papierresten und gepressten Blumen dekoriert.

SIE BRAUCHEN

Material

2 Bögen handgemachtes Papier in verschiedenen Farben
Messingpapierklammern
bedruckte Reste
Verstärkungsringe
Bast

Zubehör

Lineal
Trapezmesser
Schneidematte
Locher

1 Ein Rechteck 7,5 x 9cm aus dem dunkleren Papier reissen. Dazu ein Lineal auf das Papier halten und das Papier dagegen ziehen. Das gibt einen weichen Büttenrand, verleiht aber auch die richtige Form.

2 Mit dem Trapezmesser ein zweites Rechteck 1cm kleiner als das erste schneiden.

3 Die beiden Papierstücke mit den Messingklammern an drei Ecken wie gezeigt verbinden. Einen bedruckten Rest oder ausgeschnittenes Bild in die vierte Ecke kleben.

4 Ein Loch in eine Ecke stanzen und den Ring hinten einsetzen. Eine kurze Schnur aus Bast formen und durch das Loch in eine Schlaufe fädeln.

WEIHNACHTS-GESCHENKPAPIER UND -ANHÄNGER

Erfreuen Sie Ihre Freunde und Familie dieses Weihnachten, indem Sie eigenes Geschenkpapier und eigene Anhänger entwerfen. Sie werden überrascht sein, was Sie aus ein paar bunten Papierresten, etwas Farbe und Phantasie erschaffen können.

SIE BRAUCHEN

Material

weißes Patronenhülsenpapier
Wasserfarbentusche
Schablonenfarben: gold und schwarz
fremdsprachige Zeitung
Alleskleber
einfaches Goldgeschenkpapier

Zubehör

Pauspapier
Bleistift
Schablonenpappe
Trapezmesser
Schneidematte
feiner Haarpinsel
Stupfpinsel
Schere
Wellpappe
Küchenschwamm

1 Das Tannen-Muster auf Schablonenpappe übertragen und ausschneiden. Weißes Patronenhülsenpapier mit verschiedenen Tintenfarben anmalen. Dann das Papier schwarz und gold schablonieren.

2 Teile der Zeitung mit hellen Tinten anmalen. Einen dreieckigen Tannenbaum aus dem Schwamm schneiden und auf Wellpappe kleben. Etwas von der farbigen Zeitung mit Goldbäumen stempeln .

3 Streifen, Rechtecke und einfache Baumformen aus der farbigen Zeitung reissen. Um die gestempelten und schablonierten Motive herum reissen und zur Abwechselung einige Negative ausschneiden. Die Motive auf Goldpapier arrangieren und festkleben.

COLLAGE ALS KAMINVERKLEIDUNG

Verwenden Sie alte Sepiafotografien, Musikblätter oder Sonstiges, um ein nostalgisches Stück voller Erinnerungen und Andenken zu schaffen. Trockenblumen aus dem Garten verleihen einen sinnlichen, weichen Farbton. Dieser Schirm dient nur der Dekoration und sollte nie neben einem offenen Feuer stehen.

SIE BRAUCHEN

Material

vorgefertigte Verkleidung
Holzgrundierung auf Wasserbasis
weiße Samt-Holzfarbe
Zeitungen, Musikblätter, Fotos
Weißleim
Goldpapier
Epoxidkleber
Maisstengel
getrocknete Rosenblüten
Abdeckband
klarer Polyurethanlack

Zubehör

kleiner Flachpinsel
Haarpinsel und Behälter für Weißleim

1 Die Verkleidung und ihre Füße mit zwei Lagen grundieren, dann weiß anmalen. Zeitung und Musikblätter in Streifen reissen und mit Weißleim an die Verkleidung kleben.

2 Die Fotografien auf den Schirm legen und arrangieren, bis Sie mit dem Gesamtentwurf zufrieden sind. Einige Bilder auf Goldpapierrechtecke kleben. Alles in Stellung kleben.

3 Mit Epoxidkleber die Maisstengel und Rosenblätter einfügen. Das Mais mit Abdeckband festhalten bis der Kleber getrocknet ist.

4 Den Entwurf mit einer Lage Lack abdichten. Über Nacht trocknen lassen, dann die Füße unten anbringen.

KALEIDOSKOP-RAUMTEILER

Diese bunte Trennwand wird hergestellt, indem Seidenstoffformen übereinandergelegt werden und so einen Kaleidoskopeffekt ergeben. Jedes Teil besteht aus einem Quadrat, der auf japanisches handgemachtes Papier gestickt wird. Gegen Tageslicht betrachtet, wird die Wirkung erhöht und die Farben leuchten noch lebhafter.

SIE BRAUCHEN

Material

Seidenpapier: weiß und andere Farben
Weißleim
japanisches, handgemachtes Papier
passender Nähfaden
Befestigungsstange

Zubehör

gezackte oder große Schere
Plastik
mittlerer Malerpinsel
Behälter für Weißleim
Schneidematte
Trapezmesser
Metalllineal
Kleidernadeln
Nähmaschine

1 Die Rückenquadrate (35 x 35cm) aus weißem Seidenpapier ausschneiden. Verschiedene, bunte Seidenpapierformen zurechtschneiden.

2 Ein weißes Quadrat auf das Plastik legen. Die farbigen Formen nach Entwurf auflegen. Verdünnten Weißleim über das Quadrat streichen und auf die erste Lage Formen auflegen. Das Muster aus Lagen aufbauen. Trocknen. Mit den übrigen weißen Quadraten wiederholen.

3 Wenn die Quadrate ganz trocken sind, vorsichtig vom Plastik abschälen. Auf die Schneidematte legen und mit Lineal und Trapezmesser trimmen.

4 Die Papierquadrate auf dem handgemachten Papier gleichmäßig platzieren. Mit Nadeln feststecken und der Nähmaschine annähen, dabei die Nadeln entfernen.

5 Das handgemachte Papier trimmen, dann mit verdünntem Weißleim zusammenkleben, um eine Trennwand von entsprechender Größe herzustellen.

6 2,5cm Papier nach hinten umfalten und knicken. An der Falte entlang abnähen, um eine Hülle für die Aufhängevorrichtung zu bilden.

LAMPENSCHIRME MIT VERGOLDETEM FLICKENMUSTER

Verleihen Sie zwei einfachen Lampenschirmen ein völlig neues Aussehen, indem Sie sie mit glänzendem Papier überziehen. Obwohl sich Entwürfe und Techniken etwas unterscheiden, bilden die beiden Schirme ein erstaunliches Paar.

SIE BRAUCHEN

Material

interessantes Papier für das Flickwerk: Wellpappe, farbiges Band, Packpapier, handgemachtes Papier, Papiergewebe
2 einfache beige Stoffe oder Papierlampenschirme
Tapeten- oder Weißleim
Goldblatt-Anlegeöl
Metallblatt
interessantes Papier für das ausgerissene Flickwerk: Fotokopien, Packpapier, Faserpapier, Pauspapier
Schellack
reiner Alkohol
holzfarbige, wasserlösliche Beize

Zubehör

Schere
kleiner Flachpinsel
feiner Haarpinsel
Behälter für Leim
steifborstiger Pinsel
weiches Tuch

1 Für das geschnittene Flickwerk etwa gleich große Quadrate aus verschiedenen Materialien schneiden. Dabei an beiden Seiten etwas abwinkeln, damit sie auf den kegelförmigen Schirm passen.

2 Verschiedene Texturen und Farben kombinieren, bis das gewünschte Ergebnis erreicht ist. Tapeten- oder Weißleim hinten auf die Formen aufbringen und auf den Lampenschirm kleben. Nah aneinander setzen, damit das Flickwerk keine Lücken aufweist.

3 Weitläufige „Stiche" mit dem Anlegeöl aufmalen, um die Quadrate zu verbin-den. Die Linien oben und unten senkrecht führen, die Linien an den Seiten waagrecht.

4 Das Metallblatt in Streifen schneiden ohne die Rückseite zu entfernen. Das Blatt sanft auf das haftende Anlegeöl drücken.

5 Mit steifborstiger Bürste überflüssiges Blatt entfernen, nur die „Stiche" sichtbar lassen. Mit weichem Tuch reiben.

6 Für das gerissene Flickwerk, verschiedene Papiersorten in ähnlicher Größe reissen, die Kanten rauh und ungleichmäßig belassen.

7 Ein Drittel der Formen mit Schellack tönen. Es trocknet schnell, versteift das Papier und macht es transparent. Der Pinsel muss mit reinem Alkohol gereinigt werden. Noch ein Drittel mit Beize tönen und trocknen.

8 Die Formen teilweise überlappend auf dem Lampenschirm anordnen, wobei die gerissenen Kanten deutlich hervor-stehen sollten. Tapeten- oder Weißleim hinten auftragen und auf den Schirm kleben. Die getönten Formen zuerst ver-wendet. Am Anfang weit auseinander setzen, dann ausfüllen.

9 Eine 1cm Randlinie oben und unten am Schirm mit Anlegeöl aufmalen. Das Metalblatt in Streifen schneiden, aber die Matritze nicht abnehmen.

10 Die Streifen gegen das Anlegeöl entlang der Ränder anbringen. Überlappen lassen, wenn notwendig. Das Blatt haftet nur am Anlegeöl. Überschüßiges Blatt abnehmen, mit Lappen reiben.

STRANDKARTEN

Eine speziell angefertigte Karte ist ein besonderes Geschenk. In diesem Projekt wird die Karte zum Träger für hübsche Muscheln. Der Umschlag, der mit Bast zusam-mengenäht ist und von einer durch eine Napfschneckenschale gesteckte Feder zugehalten wird, unterstreicht den Wert des Geschenks.

SIE BRAUCHEN

Material

verschiedene, handgemachte Papiere
Bast
Weißleim
Meeresalgen
Muscheln
feines Sandpapier
beidseitig klebendes Band
verwitterte Napfschnecken-Schale mit Loch
Feder

Zubehör

Stopfnadel
Schere
Behälter fürWeißleim

1 Ein Papier in der Mitte falten. Zwei Quadrate unterschiedlicher Größe ausreissen, um einen Farbkontrast zu erzeugen.

2 Stopfnadel mit Bast verzwirnen und das größere Quadrat auf die Karte mit unregelmäßigen Einstichen am Rand nähen.

3 Ein kleineres Quadrat mit Weißleim in die Mitte kleben. Algen und eine Muschel aufkleben.

4 Auf feinem Sandpapier etwas beidseitiges Klebeband aufsetzen. Seesterne aus dem Sandpapier schneiden, die Matritze vom Band abnehmen. Einen Seestern in jede Ecke, eine Muschel in die Mitte der Seesterne kleben.

5 Ein Papierrechteck mit dreieckiger Klappe ausschneiden Das Rechteck sollte groß genung sein, um die Karte zu halten. Den Umschlag falten und die Seiten zusammennähen. Unten mit dem Nähen anfangen und bis an die Klappe heranarbeiten. Dabei ein loses Bastende lassen.

6 Eine Napfschneckenschale an die Enden der beiden Bastfäden binden. Das Bast um den Umschlag wickeln und eine Feder durch den Bast und unter die Schale stecken, um den Umschlag zu verschließen.

SCHACHTEL MIT TANZENDEN BIENEN

Die Bienen, die die Schachtel umkreisen, wurden aus einem Stück Papier geschnitten. Den Deckel vorher messen und das Muster nach Bedarf verkleinern und vergrößern, damit der Bienenring gut passt. Mit Honiggläsern oder Bienenwachskosmetik gefüllt, ist diese Schachtel ein wunderschönes Geschenk.

SIE BRAUCHEN

Material

runde, bemalte Schachtel
schwarzes Papier
gelbe Akrylfarbe
Alleskleber
klarer Akryllack

Zubehör

Pauspapier
Bleistift
weißer Malstift
kleine, scharfe Schere
mittlerer Haarpinsel
Behälter zum Farbenmischen
kleiner Flachpinsel

1 Das Bienenmuster pausen und der Größe der Schachtel anpassen. Ein Blatt schwarzes Papier zweimal in der Mitte falten. Das Muster so auflegen, daß die Flügelspitzen die Falten berühren, dann mit dem weißen Bleistift aufmalen.

2 Ausschneiden und dabei die Bienen nicht an den Flügeln trennen. Vorsichtig auseinanderfalten. Zwei Bienenkreise anfertigen und Streifen mit gelber Akrylfarbe aufmalen.

3 Einen Bienenkreis auf den Deckel kleben. Den zweiten durchschneiden und auf die Schachtelseiten kleben. Mit einer Lage Lack fixieren.

BLUMENCOLLAGE

Eine Collage ist eine einfache Art, Papierreste aufzubrauchen. Ehe Sie anfangen, ein Thema auswählen - hier ist es eine Blumenvase. Scheren werden verwendet, um scharfe Kanten als Kontrast zu gerissenem Papier zu erzeugen.

SIE BRAUCHEN

Material

Auswahl von buntem Papier
starker, klarer Kleber
weiße Pappe

Zubehör

kleine, scharfe Schere

1 Mit der Schere das bunte Papier für scharfe Kanten an dem Tisch und der Vase ausschneiden. Viel Papier in Pflanzenmotive wie Blätter und Blumen schneiden.

2 Vase und Tisch auf einem großen Stück Papier arrangieren und dann der Reihenfolge nach ankleben.

3 Die Blumen und Blätter arrangieren und festkleben. Nacheinander vorgehen und die Formen überlappen lassen. Wenn der Entwurf trocken ist, auf weißer Pappe aufbringen, damit die Collage verstärkt wird.

PERGAMENTPAPIERKUNST

Es gibt eine solche Vielfalt von Papiersorten, dass man kein begnadeter Maler sein muss, um die richtigen Zutaten für einfache aber wirkungsvolle Bilder zu finden. Diese kontrastierenden Papiere müssen nicht sauber geschnitten werden, gerissene Kanten verbessern das Aussehen.

SIE BRAUCHEN

Material

Pergamentpapier
farbiges Papier
einfaches weißes Papier

Zubehör

Bleistift
Metalllineal
Trapezmesser
Schneidematte
Reisszwecken

1 Die interessantesten Papierkombinationen auswählen.

2 Einfaches, weißes Papier für den Entwurf verwenden. Linien für die Schlitze zeichnen.

3 Diese Schlitze vorsichtig mit Messer über der Matte einschneiden.

4 Streifen von farbigem Papier durch die Schlitze ziehen. Wenn der Entwurf fertig ist, Pergament nachziehen.

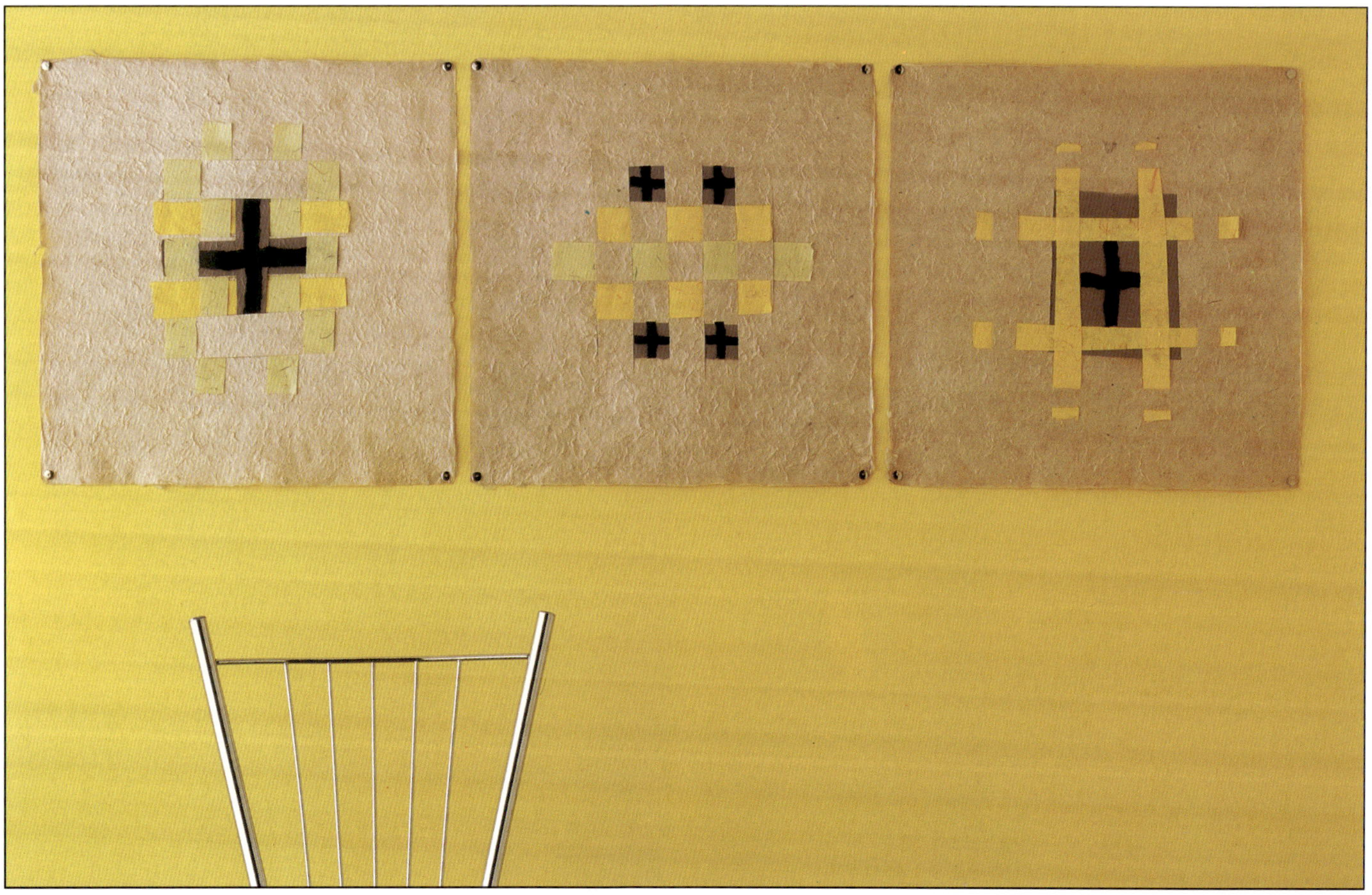

SCHNEEFLOCKEN
Muster 75% natürlicher Größe

DEKORIERTE EIER
Muster 50% natürlicher Größe

TRADITIONELLE VALENTINSMUSTER
Muster 75% natürlicher Größe

LIEBESZEICHEN
Muster 60% natürlicher Größe

ITALIENISCHER ROKOKOSCHERENSCHNITT
Muster 60% natürlicher Größe

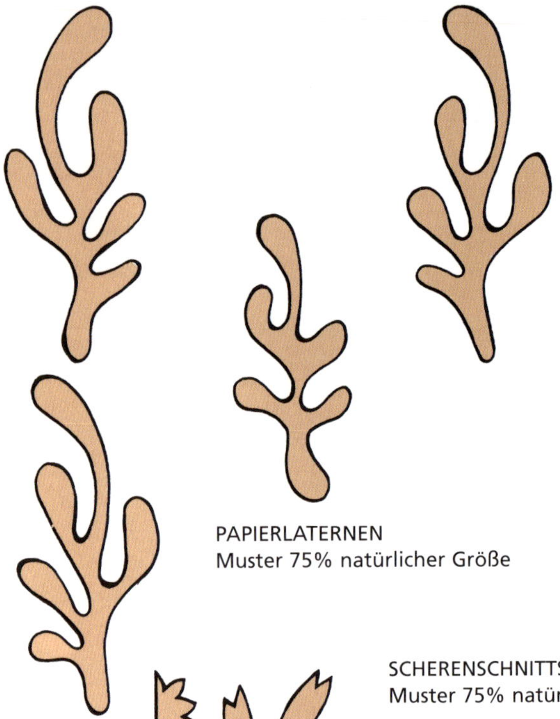

PAPIERLATERNEN
Muster 75% natürlicher Größe

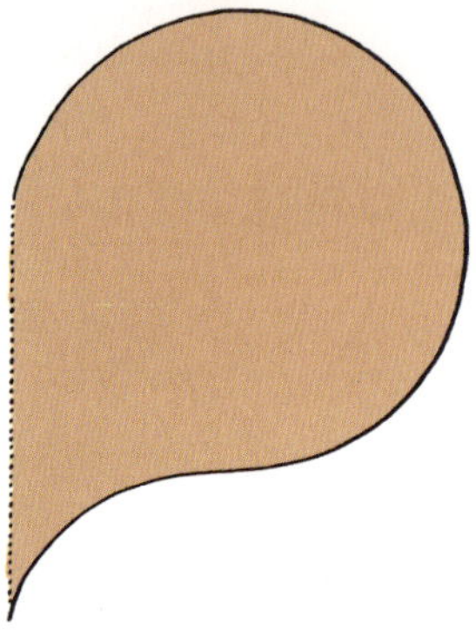

LAMPENSCHIRM MIT STICH- UND SCHNITTMUSTER
Muster 100% natürlicher Größe

An Falte setzen

SCHERENSCHNITTSCHIRM
Muster 75% natürlicher Größe

ZWILLINGSSCHERENSCHNITT
Muster 75% natürlicher Größe

BRIEFMAPPE
Muster 50% natürlicher Größe

LESEZEICHEN
Muster 75% natürlicher Größe

FAHRRADCOLLAGE
Muster 70% natürlicher Größe

WEIHNACHTSPAPIER
UND -ANHÄNGER
Muster 100%
natürlicher Größe

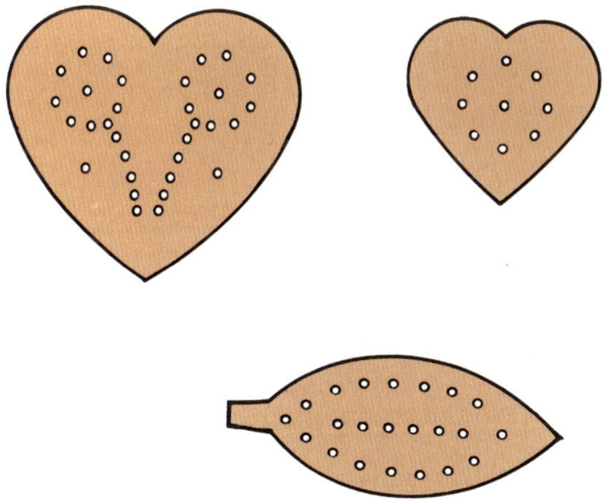

POLYPENGARTEN
Muster 75% natürlicher
Größe

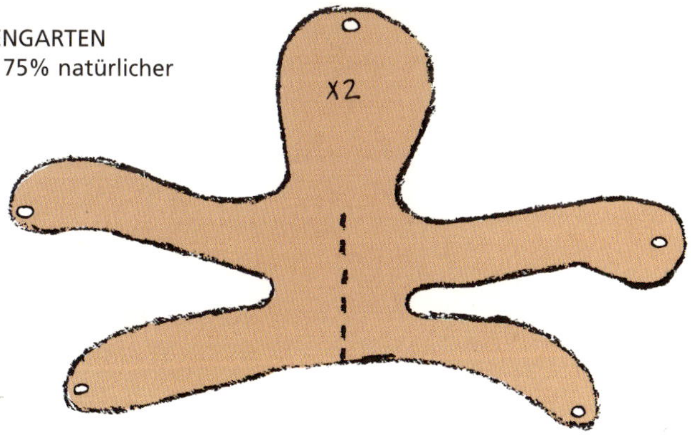

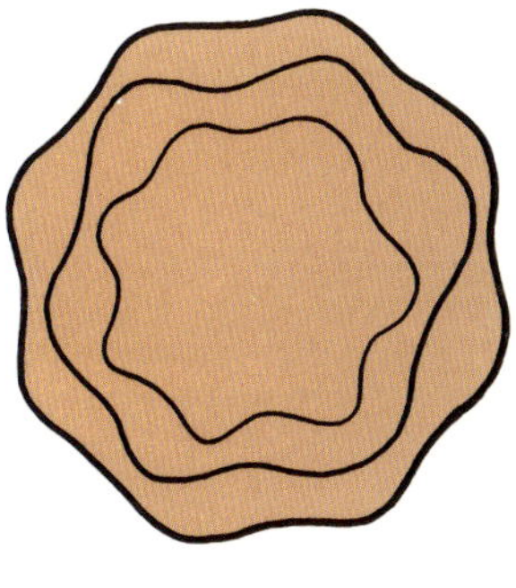

GRUSSKARTEN UND GESCHENKPAPIER
Muster 75% natürlicher Größe

SCHACHTEL MIT
TANZENDEN BIENEN
Muster 100%

SCHMUCKPAPIER

Einfaches Papier kann auf viele Weisen attraktiv gestaltet werden. Drei der bekanntesten Techniken sind Bemalen, Schablonieren und Stempeln. Schablonen können Sie kaufen oder selbst herstellen. Stempel mit interessanten Mustern sind in Bastelläden erhältlich. Aus Kartoffeln oder Linoleum geschnitten sind sie jedoch ganz einfach und schnell anzufertigen. Selbst gefertigte Stempel haben den Vorteil, dass der Entwurf genau Ihren Wünschen entspricht.

Das Kapitel zeigt nur eine Auswahl der unendlich vielen Entwürfe, die zum Papierdekorien verwendet werden können und führt die besten Techniken vor. Mit diesen Ideen können Geschenkpapier, Schreibpapier, Karten und Spezialpapierwaren wie z. B. Notizbücher hergestellt werden. Sie lernen sogar, handgedruckte Tapeten und Friese zu kreieren. Mit Hilfe dieser Vorlagen werden Sie schon bald eigene, komplizierte Entwürfe in die Tat umsetzen.

Sie können diese Entwürfe auch für andere Papierwaren verwenden. So erhalten z. B. Papier- und Pappkisten oder Lampenschirme ein eindrucksvolles Aussehen.

KARIERTES GESCHENKPAPIER MIT KARTOFFELDRUCK

Eine Kartoffel wird für dieses Schachbrettmuster in der Mitte aufgeschnitten. Beide Teile werden in Quadrate geschnitten. Man stellt dann eine Kreuzform her, indem man 4 Dreiecke mit rechtwinkligen Enden ausschneidet.

SIE BRAUCHEN

Material

Kartoffel
Akrylfarben: kadmiumgelb und kobaltblau
Papierhandtücher
einfaches Packpapier
Klebeband
schmales, blaues Samtband
Floristendraht

Zubehör

Hackbrett
scharfes Messer oder Trapezmesser
2 Untertassen
Schere

1 Auf dem Hackbrett die Kartoffel mit einer durchgehenden Bewegung halbieren. Die Seiten einer Hälfte zu einem Quadrat schneiden.

2 Andere Hälfte in ein Quadrat, dann zu einer Kreuzform schneiden. Dazu Dreiecke entfernen und die Enden rechtwinklig schneiden.

3 Die Farbe in die Untertassen füllen und Küchenpapier bereithalten. Die gelben Quadrate zuerst drucken. In einer Ecke zur anderen des Packpapiers arbeiten.

4 Die blauen Kreuze auf die weißen Quadrate drucken. Trocknen.

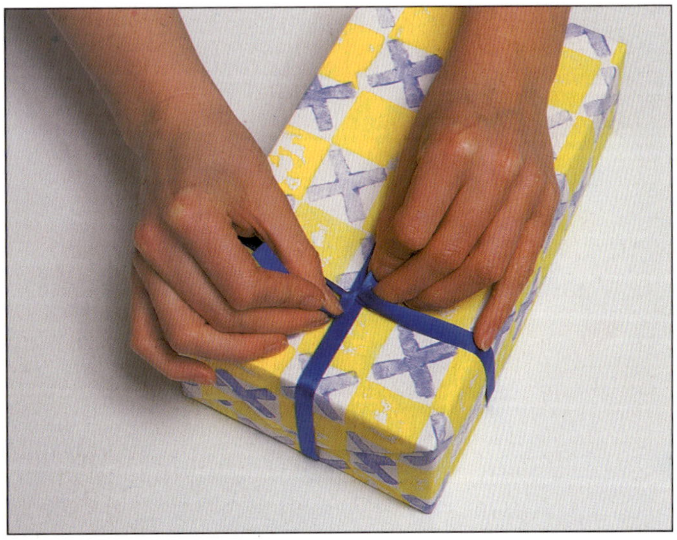

5 Das Geschenk verpacken. Blaues Samtband etwas von der Mtte abgesetzt als Verzierung verwenden.

6 Für eine ausgefallenere Wirkung eine extra Schleife binden und mit Draht befestigen.

GESCHENKPAPIER-IDEEN

Die Aufmachung eines Geschenkes kann einen einfachen Gegenstand in etwas Aufregendes verwandeln.

SIE BRAUCHEN FÜR DIE GESCHENKANHÄNGER

Material

Papierkleber
gepresste Blüten und Blätter
farbige Pappe
handgemachtes Papier mit grober Struktur: hell oder weiß (wahlweise)
Bast oder feine Schnur

Zubehör

Locher

SIE BRAUCHEN FÜR DIE SCHACHTEL

Material

Pappschachtel
einfaches, weißes Papier
Alleskleber
metallische Sterne und Mondsichel
Band in kontrastierender Farbe
kleiner Rosenstrauch

Zubehör

Schere

1 Mit Papierkleber die Blumen und Blätter in einem Muster auf die bunte Pappe kleben oder, für einen Schichteffekt, helleres Papier verwenden. Um eine rauhe Kante zu erzeugen, dass Papier nässen, bis es fast durchgeweicht ist, und zur gewünschten Form reissen.

2 Ein Loch in die Pappe stanzen und Bast oder Schnur durchfädeln.

3 Für die Schachtel eine Kiste mit weißem Papier bedecken, festkleben und die Ecken sauber trimmen. Kleber oben und an den Seiten auftupfen und metallische Sterne und Mondsicheln darauf verteilen. Lose Reste abschütteln.

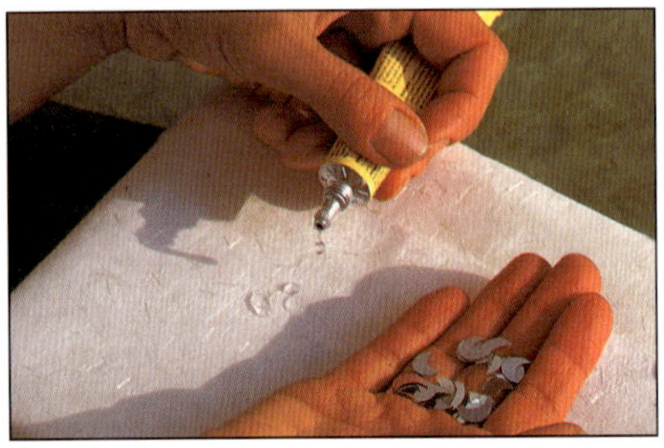

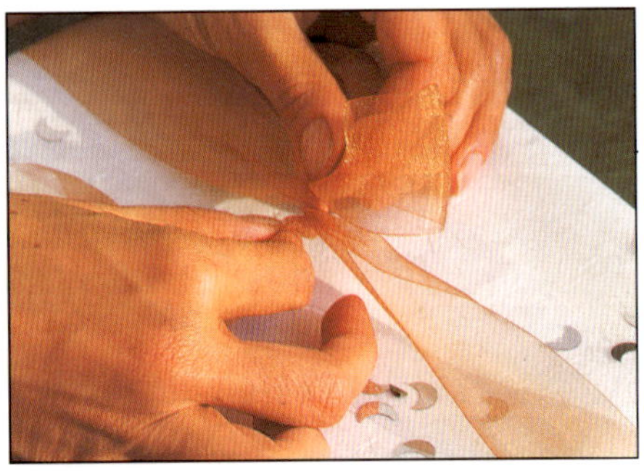

4 Ein Stück Band abschneiden, um die Schachtel binden und mittig auf dem Deckel verknoten.

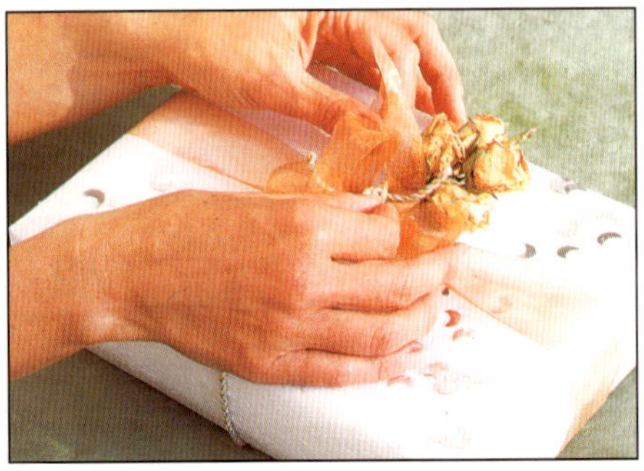

5 Den kleinen Rosenstrauch am Knoten festmachen. Zum Abschluss das übrige Band in eine Schleife binden.

SCHABLONIERTE FRÜHLINGSWIESE

Schablonieren ist ein vielseitiges Mittel, um Packpapier zu dekorieren. Es gibt jetzt viele vorgefertigte Schablonen, meistens für die Innendekoration

SIE BRAUCHEN

Material

handgemachtes Packpapier
Sepiawasserfarbe
Papiertücher
Klebeband
Band

Zubehör

vorgeschnittene Schablonen
Untertasse
kleiner Naturschwamm
(Kosmetikschwamm ist ideal)
Schere

1 Die Schablone in einer Ecke des Papiers an den Kanten aufsetzen. Die Farbe mit etwas Wasser in der Untertasse verdünnen und mit dem Schwamm aufnehmen. Den Schwamm auf den Papiertüchern abtupfen, dann mit leichtem Druck durch die Schablone auftragen.

2 Das Muster dem Papier entlang wiederholen, dann in der näch-sten Zeile zwischen zwei Mustern ansetzen. Das ergibt ein geschlossenes Muster.

3 Wenn es offensichtliche, leere Stellen gibt, dann mit Pflanzen und Schmetterlingen füllen.

4 Ein Band aussuchen und das Geschenk mit einer Schleife umbinden.

OBST UND LAUB-GESCHENKPAPIER

Selbst braunes Geschenkpapier kann ein besonderes Aussehen erhalten. Ein Blattgerippe und Goldschnur oder Blätter und Früchte verwenden.

SIE BRAUCHEN

Material

Goldwachs für Bildrahmen
großes Blattgerippe
braunes Packpapier
Klebeband
Goldfaden
Seegrasschnur
getrocknete Obstscheiben
getrocknete Blätter

Zubehör

Klebepistole und -patronen

1 Goldwachs auf das Blattgerippe reiben. Das dauert etwas, da es gut eingearbeitet werden muss.

2 Das Päckchen in braunes Papier wickeln und Goldwachs in die Ecken reiben. Das Paket mit Goldschnur binden, dabei die Enden verknoten. Die Enden etwas zerfransen, um eine Quaste zu bilden. Das Blatt unter die Schnur schieben und notfalls mit Kleber befestigen.

3 Oder, das Päckchen in braunem Papier einpacken und mit Goldwachs einreiben. Dabei besonders auf die Ecken achten.

4 Das Päckchen mit Seegrasschnur zuschnüren und ein Blatt oder Obststück in jedes Viertel kleben.

WEIHNACHTSSTREIFEN

Weihnachtspapier wird in hunderten von Variationen hergestellt und doch sind die am schicksten verpackten Geschenke recht einfach. Dieses Projekt ist ein gutes Beispiel dafür, wie betonte Streifen auf gewöhnlichem Packpapier einen dramatischen Effekt ergeben können.

SIE BRAUCHEN

Material

braunes Packpapier
Papierreste
Latexfarbe: weiß und dunkelgrün
doppelseitiges Klebeband
breites rotes Moire-Samtband
Floristendraht

Zubehör

Lineal
7,5cm breite Malerwalze und Farbbecken
Schere

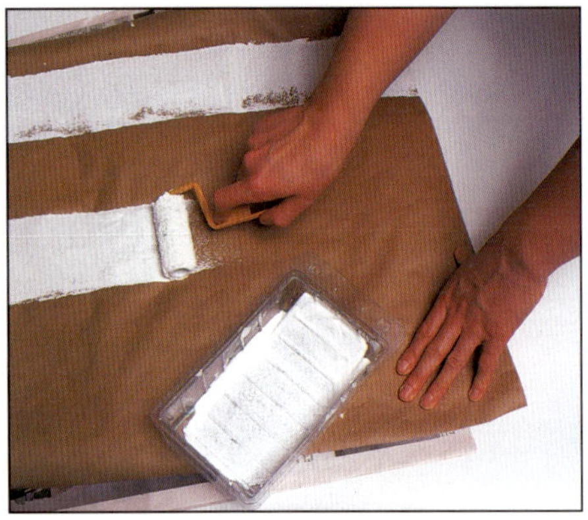

1 Einen Bogen Packpapier auf Papierresten auslegen. Walze verwenden, um einen weißen Streifen mit etwas Abstand von der Kante aufzumalen. Eine Walzenbreite und 2 cm bis zum nächsten Streifen lassen.

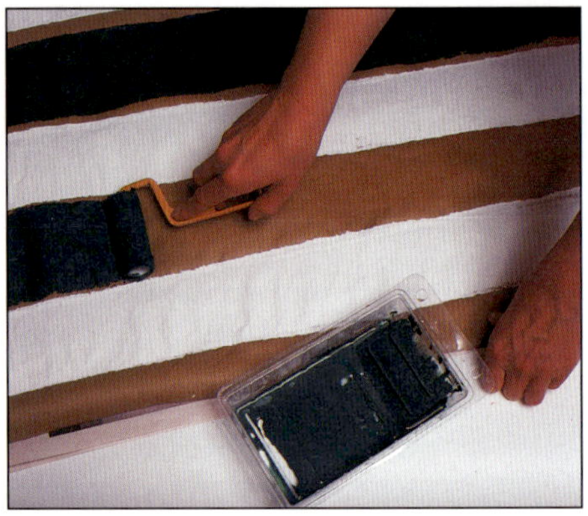

2 Eine neue Walze für die dunkelgrüne Farbe verwenden. Mit einem Streifen 1,5 cm vom ersten weißen Streifen beginnen, etwas braunes Papier bleibt dabei sichtbar. Wiederholen, so oft notwendig. Trocknen lassen.

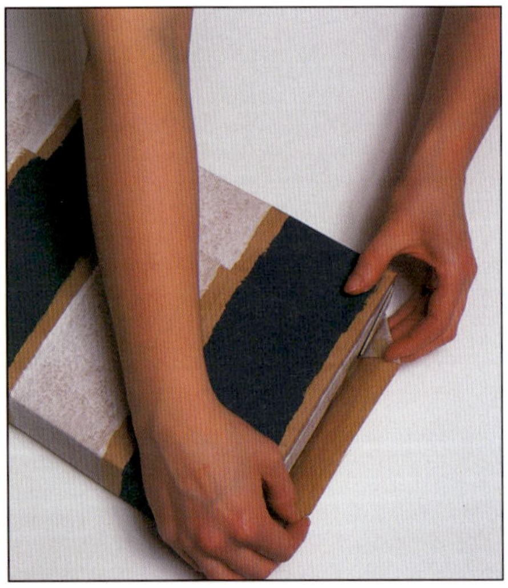

3 Das Geschenk als Maß benutzen und Überschuss abnehmen. Einwickeln, Ecken mit doppelseitigem Klebeband befestigen.

4 Langes Stück rotes Moiré schneiden und um Geschenk binden.

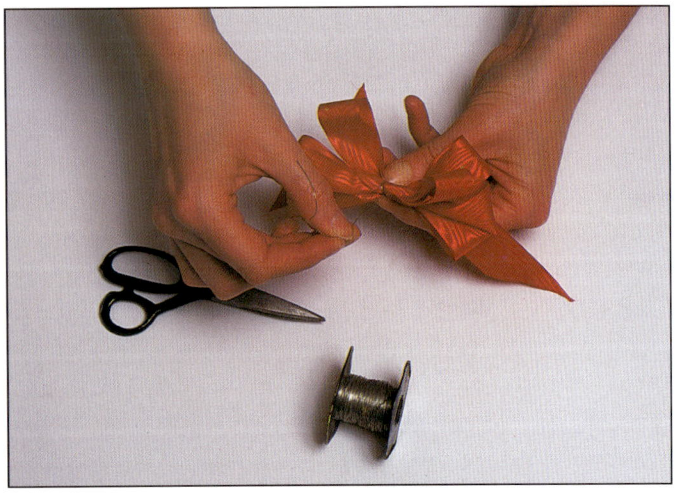

5 Schleife binden, indem das Band dreimal um jede Seite gewickelt und mit Draht befestigt wird.

6 Die Schleife auf dem Paket mit etwas Band anbringen. Nach Wunsch in die Mitte setzen.

WIDDER GESCHENKPAPIER

Verleihen Sie einem besonderen Geburtstagsgeschenk eine ganz persönliche Note mit originellem Geschenkpapier, das das entsprechende Sternzeichen trägt. Tiefes rot und schwarz werden hier verwendet, um das Erdzeichen Widder aufzumalen. Nicht den Pinsel beim Schablonieren überladen, den Überschuss mit Küchenpapier entfernen, bevor Sie beginnen.

SIE BRAUCHEN

Material
einfaches, tiefrotes Packpapier
Abdeckband
Papiertücher
schwarze Akrylfarbe

Zubehör
Bleistift
dünne Pappe oder Papier
Acetatbogen
schwarzer Filzstift
Trapezmesser
Schneidematte
Stupfpinsel

1 Muster dem fertigen Bild nach auf Pappe oder Papier malen. Acetat über das Muster legen und den Umriss mit schwarzem Filzstift nachzeichnen.

2 Vorsichtig die Schablone mit Trapezmesser ausschneiden. Auf einer Schneidematte arbeiten.

3 Die Lage der Motive auf dem Papier bestimmen, falls notwendig die Positionen mit Bleistift markieren. Die Schablone auflegen und mit etwas Abdeckband befestigen. Das Muster mit schwarzer Farbe und Stupfpinsel aufstupfen. Schablone aufheben und wiederholen. Wenn Farbe unter die Ränder sickert, erst aufwischen.

SCHMETTERLINGS-GESCHENKPAPIER

Originelles, handbedrucktes Geschenkpapier kann ein gewöhnliches Geschenk zu etwas Besonderem machen. Wenn Sie einmal Ihr Papier schabloniert haben, wollen Sie vielleicht nie wieder Vorgedrucktes kaufen.

SIE BRAUCHEN

Material

buntes Papier
Abdeckband
Akrylfarben: rot und schwarz

Zubehör

Pauspapier
Bleistift
Acetatbogen
schwarzer Filzstift
Trapezmesser
Schneidematte
steifer Haarpinsel

1 Schmetterlingsvorlage pausen und nach Bedarf vergrößern. Ein Stück Acetat darüber legen und mit einem Filzstift die Flügel für die erste Schablone zeichnen. Den Körper und die Flügelzeichnung auf einen zweiten Acetatbogen zeichnen.

2 Beide Schablonen mit einem Trapezmesser vorsichtig aus-schneiden. Die erste Schablone leicht an dem bunten Papier mit Abdeckband befestigen und rot aufstupfen. Die Bürste nicht überladen. Das Acetat umset-zen, wiederholen.

3 Wenn das Rot trocken ist, die zweite Schablone mit Abdeckband befestigen. Da das Acetat klar ist, kann es leicht genau aufgesetzt werden. Die schwarze Farbe aufstupfen, bis die Schmetterlinge fertig sind.

PUTTENGESCHENKPAPIER

Dieses entzückende Geschenkpapier mit seinem schattierten Bild kann entweder durch Stempeln oder Schablonieren angefertigt werden. Selbstgemachtes Geschenkpapier ist der perfekte Akzent für den Valentinstag. Dazu die passenden Farben wählen.

SIE BRAUCHEN

Material

einfaches Packpapier
Akrylfarbe: rotoxid und gold

Zubehör

Puttenmotiv
Acetatbogen
schwarzer Filzstift
Trapezmesser
Schneidematte
Stupfpinsel
Kachel
kleine Malerwalze
Puttengummistempel

1 Wenn Sie schablonieren, das Puttenmotiv (oder eine Freihandzeichnung) unter das Acetat legen. Mit Filzstift auf das Acetat auftragen und mit dem Trapezmesser ausschneiden.

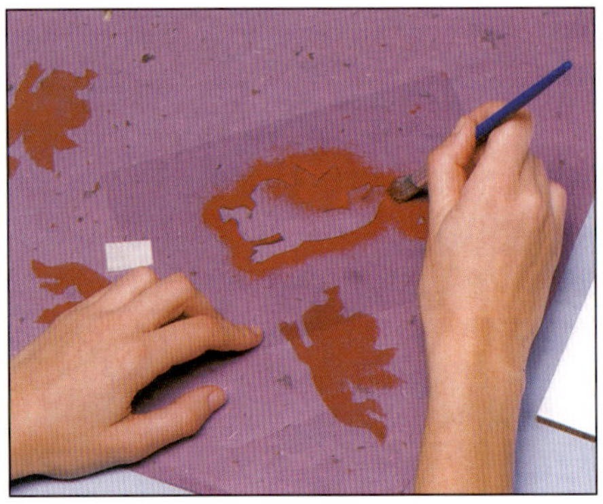

2 Die Putte mit rotem Oxid und Stupfpinsel aufschablonieren. Trocknen. Die Putte leicht versetzt mit Goldfarbe schablonieren, um den Schatten zu erzeugen.

3 Wenn Sie die Gummistempelmethode benutzen, etwas Rotoxid auf eine Kachel geben und den Stempel mit der Walze bestreichen. Bilder aufstempeln und dann mit Gold nachstempeln.

GESCHENKPAPIER MIT ALTEM MANUSKRIPT

Altes und Modernes werden vereinigt, um dieses ungewöhnliche Geschenk herzustellen. Eine Seite aus einem alten Manuskript wurde mehrfach vergrößert, um ein unregelmäßiges Muster aus leeren Stellen und schwarzen Figuren zu erzeugen.

SIE BRAUCHEN

Material

Stücke von alten Manuskripten
einfaches, weißes Papier
Wasserfarben: gelbocker und rosa
Abdeckband
Band

Zubehör

Behälter für Farben
breiter Haarpinsel
Schere

1 Ein Stück Ihres auserwählten Manuskripts auf einfachem Papier fotokopieren. Um 200% vergrößern und auf größeres Papier auftragen.

2 Verdünnte Wasserfarben verwenden, um Papier mit ocker-gelb und rosa zu tönen und so den nostalgischen Effekt zu erreichen.

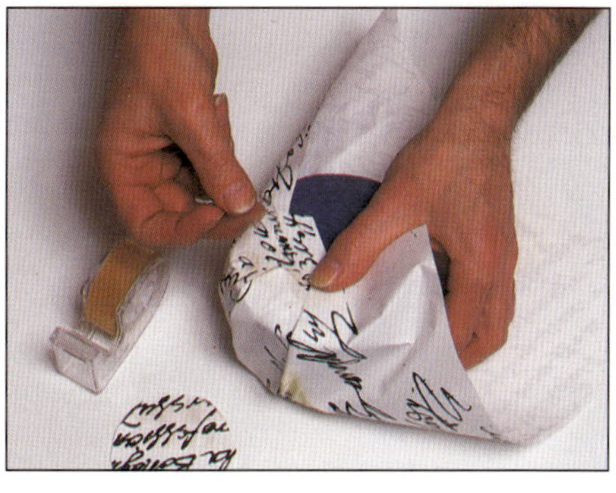

3 Um die Schachtel wickeln, indem Sie sie in die Mitte des Papiers stellen. Die Ränder werden hoch-gezogen und jeder Abschnitt wird mit Klebeband befestigt. Eine Papier-scheibe ausschneiden und auf die Papierränder kleben.

4 Drei gleich große Längen Band abschneiden und in einfache Knoten auf der Schachtel binden. Die Enden in gleicher Länge zurechtschneiden.

SCHREIB-PAPIER MIT WAPPEN

Dieses Projekt zeigt die vielen Möglichkeiten, verschiedene Effekte mit einem Stempel zu erzeugen. Für viele ist Schreibpapier uninteressant, aber es kann gut für individuelle Ideen genutzt werden. Experimentieren Sie mit Ihren Lieblingsfarben und probieren Sie Flächen- und Randmuster aus. Manche Läden verkaufen geprägtes Papier, das bei Erwärmung eine erhöhte Prägung erzeugt.

SIE BRAUCHEN

Material

dunkelblaue Wasserfarbe
braunes Paketpapier
kleines Notizbuch, Mappe, Postkarten, strukturiertes und einfaches Schreibpapier
Goldfarbe
dunkelblaues Papier
Weißleim

Zubehör

Teller
kleine Malerwalzen
Diamanten-, Lilien- und Kronenstempel
Trapezmesser
Schneidematte
Lineal
Winkeleisen
feiner Haarpinsel
Behälter für Weißleim

1 Etwas blaue Wasserfarbe auf einen Teller geben und eine Malerwalze durchrollen, bis sie gleichmäßig bedeckt ist. Den Diamantenstempel bedecken und ein Motiv auf ein Stück Packpapier drücken.

2 Den Diamanten mit dem Trapezmesser ausschneiden. Die Ecken nicht verschneiden, denn die Form wird als Schablone benutzt und die Farbe kann durchbluten.

3 Die Papierschablone auf die Mitte des Notizbuchumschlags setzen und mit der Walze dunkelblaue Farbe überall auflegen. Trocknen lassen.

4 Etwas Goldfarbe auf einen Teller geben und eine andere Farbwalze durchrollen. Farbe auf den Diamantenstempel auftragen und einen Golddruck direkt auf das Blau auftragen.

5 Ein Rechteck von der Größe des Lilienstempels aus dunkelblauem Papier schneiden. Der Länge nach halbieren. Eine Seite abschneiden, aber einen kleinen Rand, der ein Fenster bildet, belassen.

6 Den Stempel mit Lineal und Winkeleisen in Lage bringen. Eine dunkelblaue Lilie in die Mitte der Mappe stempeln. Das blaue Papier über die Lilie so kleben, dass die Hälfte zu sehen ist.

7 Die Lilie mit Goldfarbe bemalen. Die ausgeschnittene Seite mit Papier bedecken. Eine goldene Lilie zu den Rändern des blauen Drucks passend aufbringen. Das Packpapier entfernen.

8 Eine blaue Lilie auf das Notizbuch oder die Postkarte stempeln. Eine Seite mit geradkantigem Packpapier bedecken und mit Goldfarbe bedrucken.

9 Ein blattstrukturiertes Notizpapier zu einer Karte falten. Eine blaue Lilie vorne aufstempeln. Mit Goldfarbe bemalen. Eine goldene Krone oben auf das Schreibpapier stempeln.

PRIVAT-KORRESPONDENZ

Dieses Projekt zeigt, wie man aus einem einfachen Radiergummi einen Stempel macht. Ein oder zwei aussagekräftige Bilder für Ihr Schreibpapier auswählen. Für ein erhöhtes Bild, das Motiv mit Prägepuder auftragen.

SIE BRAUCHEN

Material

Motivzeichnungen
einfaches Papier
Feuerzeugbenzin
Stempelkissen
Prägetinte und -puder (wahlweise)

Zubehör

Trapezmesser
neuer Radiergummi
Linoleumschneidewerkzeug
Skalpel

1 Schneiden Sie Ihre Motive aus und setzen Sie sie auf Papier, so dass sie auf den Radierer passen.

2 Motive fotokopieren und mit Trapezmesser auf dem Radierer passend ausschneiden. Die Zeichnung mit Gesicht nach unten aufsetzen.

3 Drei Tropfen Feuerzeugbenzin auf das Papier geben. Das Papier dabei nicht über den Radierer rutschen lassen.

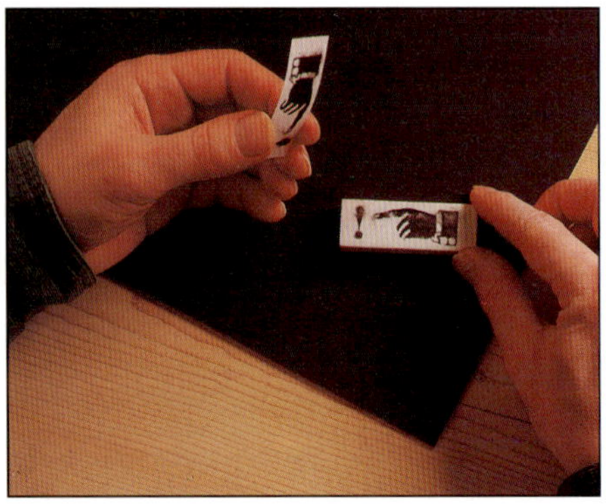

4 Das Papier entfernen, um das übertragene Muster zu sehen. Es muss auf dem Kopf stehen.

5 Feines Linoleumwerkzeug und Skalpel verwenden, um den Umriss und das Muster vorsichtig auszuschneiden. Überschüssiges Material ausschaufeln.

6 Den Radiergummistempel auf ein farbiges Tintenpolster pressen und Ihr Schreibpapier stempeln.

7 Prägesätze von Stempelhändlern kaufen. Ihr Motiv in die Prägetusche stempeln.

8 Etwas Prägepulver über die noch feuchte Tinte streuen und den Überschuss abschütteln.

9 Anleitungen des Herstellers befolgen, wenn Sie das Papier erhitzen. Das erzeugt ein erhabenes Bild.

REBENSCHREIBPAPIER

Experimentieren Sie mit Stempelmustern und erschaffen Sie gleichzeitig Ihre eigene Schreibwarenserie. Die Stempel können allein oder zusammen verwendet werden, um eine breite Palette von Mustern und Farben herzustellen.

SIE BRAUCHEN

Material

Sepiaakrylfarbe
Weißleim
Papierreste
Notizbücher
braunes Packpapier
weißliche Akryl- oder Latexfarbe
Mappe
kleine Akte
handgemachtes Papier zu Karten gefaltet
naturbraune Umschläge

Zubehör

Teller
kleine Malerwalzen
Trauben-, Ranken- und Blattstempel
Trapezmesser
Schneidematte
mittlererHaarpinsel

1 Etwas Sepiafarbe auf einen Teller geben. Weißleim zugeben und vermischen.

2 Eine Walze durch die Farbe rollen, bis sie gleichmäßig aufgetragen ist und dann den Traubenstempel damit belegen. Mehrere Probedrucke auf Papierresten erstellen, um festzustellen, wieviel Farbe Sie für den gewünschten Effekt brauchen.

3 Trauben auf den Notizbuchumschlag stempeln. Farbe auf den Rankenstempel auftragen und um die Trauben herum aufstempeln. Das Muster kann auf dem Rückumschlag wiederholt werden.

4 Trauben auf ein kleines Stück Packpapier aufstempeln. Vorsichtig dem Umriss entlangschneiden, um einen Stempel zu erzeugen.

5 Etwas weißliche Farbe auf einen Teller geben und die Walze durchrollen, bis die Farbe gleichmäßig aufgetragen ist. Mit der Schablone ein solides Traubenmuster auf das Notizbuch auftragen. Trocknen.

6 Sepia auf den Traubenstempel auftragen und die schablonierte Figur überdrucken.

7 Ein Fenster von der Größe der Mappe aus einem Papierrest ausschneiden. Diesen Rahmen auf den Umschlag legen. Sepia auf den Blattstempel auftragen und stempeln. Dabei teilweise das Muster den Rahmen überlappen lassen. Trocknen lassen, den Papierrahmen entfernen, damit ein einfacher Rand um das Blattmuster sichtbar wird.

8 Etwas weißliche Farbe mit Sepia zu Hellbraun vermischen. Mit einem Pinsel die hellbraune Farbe auf einer Seite des Traubenstempels auftragen, Sepia auf die andere.

9 Ein Traubenmuster auf eine kleine Akte stempeln. Die Form wird schattiert sein und ergibt einen dreidimensionalen Effekt.

10 Die gefalteten Karten aus handgemach-tem Papier auf Papierreste legen. Ein Rankenmuster, das die Kanten der Karten überdeckt, damit es aussieht als ob es aus einem größeren Blatt geschnitten wäre, aufstempeln. Das Papier bleibt stellenweise sichtbar.

KARTOFFELDRUCK-EINBAND

Braunes Paketpapier ist ein ausgezeichnetes Material für Bucheinbände – es ist stark, billig und erlaubt scharfe Kanten. Kartoffelstempeln ist einfach und macht Spaß. Die hier verwendeten Komponenten können in anderen Kombinationen genutzt werden, um verschiedene Muster zu erzeugen. Dieses Papier wäre bestimmt ideal für Kochbücher auf einem Küchenregal.

SIE BRAUCHEN

Material

2 Kartoffeln
Weißleim
Wasserfarben: ziegelrot, braun und ockergelb
braunes Packpapier

Zubehör

Messer
Behälter für Weißleim
Pinsel
Teller
Trapezmesser

1 Die Kartoffeln in Hälften schneiden. Die Ränder abschneiden, damit sie quadratisch sind.

2 Etwas Weißleim und Wasser zu gleichen Teilen mischen, dann 1 Tropfen ziegelrote Farbe hinzugeben. Er sollte dick und klebrig sein.

3 Eine gleichmäßige Schicht der Farbmischung auf einen Teller geben, dann die Kartoffel eintauchen – das macht es einfacher, das Muster beim Schneiden zu sehen. Einen quadratischen Rand lassen, die Fäche diagonal aufteilen und ein Dreieck auslöffeln.

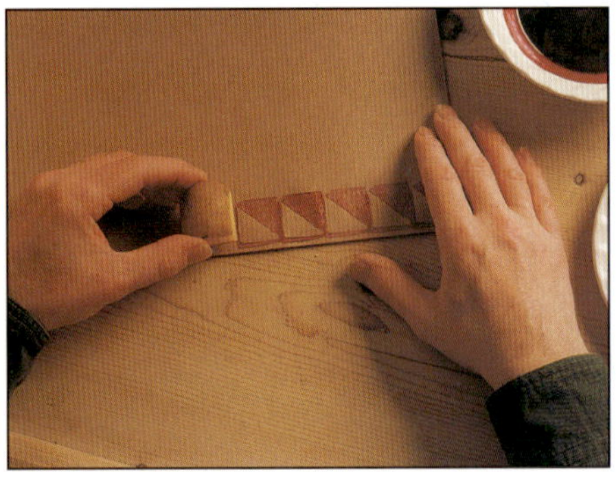

4 Eine Musterreihe am unteren Papierrand drucken. Braunes Papier hat in der Regel eine glän-zende und eine matte Seite, wobei letztere die Farbe stärker absorbiert.

5 Die nächste Reihe mit dem selben Stempel stempeln, nur umgekehrt. Geben Sie dem Muster etwas Abwech-selung, indem Sie es für jede Reihe wenden.

6 Um ein Schachbrettmuster herzustellen, Lücken zwischen den Drucken lassen. Ein kleines Kartoffelstück in Farbe tauchen und Punkte auf die leeren Quadratmitten stempeln. Mit Kombinationen experimentieren.

BLUMEN-TOPFFRIES

Dieser witzige Fries im Stil der 50er Jahre erregt Aufmerksamkeit. Tapetenreste für die Töpfe verwenden und eine heitere Blumenschau aufstempeln.

SIE BRAUCHEN

Material

matte Latexfarben: hellblau und weiß
Tapete oder Geschenkpapier in verschiedenen Mustern
Weißleim
grüne Akrylfarbe
Stempelpolster in mehreren Farben
Papierreste

Zubehör

kleiner und mittlerer Flachpinsel
Tuch
Bleistift
Schere
Behälter für Weißleim
feiner Haarpinsel
kleine und große Gänseblümchenstempel
Wattebausche

1 Die Wandverkleidung oder untere Wandhälfte mit hellblauer Latexfarbe bemalen und trocknen lassen.

2 Mit einem trockenen Pinsel weiße Latexfarbe über die flache Farbe streichen. Für einen weicheren Effekt die Farbe mit einem Tuch reiben.

3 Um den Fries herzustellen, Blumentopffiguren auf Tapete oder Geschenkpapier aufmalen. Ausschneiden. Halbmondförmige Papierstücke ausschneiden und oben auf die Töpfe kleben.

4 Die Blumentöpfe in gleichen Abständen auf die Wand kleben.

5 Mit Akrylfarbe und einem feinen Haarpinsel grüne Stiele in jeden Topf malen. Trocknen lassen, ehe die Blumen gemalt werden.

6 Die Blümchenstempel aus den Polstern belegen, dabei zuerst hellere Farben verwenden. Um die Blumenmitten mit anderer Farbe zu stempeln, die Stempelmitten mit Watte reinigen. Für zweite Farbe kleinen Stempel verwenden.

7 Einen Stempel auf einem Rest ausprobieren, ehe er auf die Wand aufgetragen wird.

8 Die helleren Blumen auf einige Stiele drucken, dabei kleine und große Blümchenstempel verwenden. Trocknen lassen.

9 Die dunkleren Blumen auf die übrigen Stiele drucken. Die Blumen überlappen lassen.

NOAHS ARCHE-FRIES

Anstatt nur ein sich wiederholendes Muster aufzuschablonieren, warum nicht eine Lieblingsgeschichte in einem Fries darstellen? Hier werden die Tiere auf der Flucht vor der Sintflut dargestellt. Aber sie brauchen nur etwas Phantasie, um andere Geschichten zu gestalten.

SIE BRAUCHEN

Material

dünne, bunte Pappe
verschiedene Farben
Papierkleber (wahlweise)

Zubehör

Lineal
Schere
Bleistift
gewachste Schablonenpappe
Trapezmesser
Schneidematte
Untertasse
Quadrate aus Hausschwamm

1 Ein Stück dünne farbige Pappe (25 x 90cm) oder zwei Stücke (25 x 46cm) abmessen und ausschneiden.

2 Tiere, die Arche, Wolken und Wasser auf Rechtecken aus gewachster Schablonenpappe zeichnen.

3 Jede Schablone mit Messer über einer Matte ausschneiden.

4 Die Schablonen auf die bunten Pappstreifen legen. Eine kleine Menge Farbe in eine Untertasse geben. Mit einem Schwammquadrat die Farbe auf die erste Schablone auftupfen. Die Schablone vorsichtig von der Pappe abheben.

5 Jede Schablone mit entsprechender Farbe abstempeln. Eine Reihe Wolken oben am Fries und Wasser unter den Tieren anbringen.

6 Den Fries gründlich trocknen lassen und zusammenkleben, wenn mehr als ein Bogen Pappe verwendet wurde.

TAPETE MIT HAND-GEDRUCKTEN SONNEN

Im Gegensatz zu den meisten Gummistempelprojekten braucht dieses etwas Vorplanung und eine große, saubere Arbeitsfläche. Die Wand messen und ca. 2m zum Anpassen des Musters zugeben. Hier werden weißes Auslegepapier und schnelltrocknende Latexfarbe verwendet. Man muss trotzdem Acht geben, dass das Muster nicht verschmiert wird, wenn Sie an dem Papier arbeiten.

SIE BRAUCHEN

Material

Auslegepapier
Papierstreifen in der Breite der Tapete
türkisgrüne Latexfarbe
Tapetenleim

Zubehör

Lineal oder gerade Kante
Filzstift
Gummistempel mit Sonnenmotiv
Bleistift
kleiner Walzentrog
kleine Gummiwalze
Klebepinsel

1 Ein Lineal oder gerade Kante verwenden, um Linien zu zeichnen, die an den Außenseiten des Sonnenstempels verlaufen. Die Linien um die Stempelseiten führen, damit dessen Lage genau gekennzeichnet ist.

2 Eine Maßführung mit einem Streifen Papier herstellen. Die Breite von sechs Stempeln auf dem Papierstreifen abmessen.

3 Das Maßband an die untere Kante der Tapete ansetzen. Die Walze verwenden, um Farbe auf dem Stempel aufzutragen. Einen Probeabdruck machen, um sicher zu sein, dass der Stempel nicht überladen ist.

4 Den ersten Stempeldruck im zweiten Abschnitt am Papierstreifen machen, den zweiten im vierten, den letzen im sechsten.

5 Die Maßführung entlang der Seitenkante der Tapete ansetzen und die Position anzeichnen.

6 Den Streifen horizontal versetzen und die nächste Reihe genau wie die erste setzen. Weiter, bis die Tapete fertig ist. Mit dem Stempel jedes zweite Feld bedrucken.

7 Die Tapete aufhängen, um ein durchgehendes Muster zu schaffen und dabei eine letzte Sonnenreihe an der Stuhlleiste anpassen.

VERGOLDETER LAMPENSCHIRM

Ein einfacher Pergamentlampenschirm ist eine ideale Unterlage für Vergoldungen. Diese schablonierten Entwürfe auf einer Schellackgrundierung verleihen dem Schirm ein altes Aussehen. Immer eine schwache Glühbirne verwenden, um Verfärbungen zu vermeiden.

SIE BRAUCHEN

Material

einfacher Pergamentlampenschirm
bernsteinfarbigen Schellack
Goldschablonenfarbe
Abdeckband

Zubehör

Stupfpinsel
Pauspapier
Bleistift
Schablonenpappe
Trapezmesser
Schneidematte

1 Mit einem grossen, runden Stupfpinsel eine gleichmäßige aber fleckige Lage bernsteinfarbigen Schellack aufstupfen und eine halbe bis ganze Stunde trocknen.

2 Die Vorlagen nachzeichnen, auf Schablonenpappe übertragen.

3 Die Schablone mit Messer auf Schneidematte ausschneiden. Es ist einfacher, wenn Sie die Schablone in Richtung der Klinge führen.

4 Die Lagen der Schablonen um den Schirm herum anzeichnen. Die erste Schablone unten am Schirm mit Abdeckband befestigen. Die Goldfarbe gut rühren, dann durch die Schablone auftüpfeln. Den Pinsel nicht zu sehr mit Farbe beladen, da sie sonst durchschlägt. Die Schablone vorsichtig entfernen.

5 Wenn Sie mit der unteren Reihe fertig sind, die zweite Schablone mit Abdeckband befestigen. Wie zuvor schablonieren und den Schirm mindestens eine Stunde trocknen lassen.

INKAVOGEL-LAMPENSCHIRM

Ein eindrucksvoller, kegelförmiger Lampenschirm mit einem starken Muster. Dieser Pergament ähnliche Schirm besteht aus dünner, melierter Pappe.

SIE BRAUCHEN

Material

weißes Papier
Sprühkleber
Weißleim
Tapetenleim
vorgemischte Wasserfarben im Tropfer: goldbraun und dunkelbraun
kegelförmiger Lampenschirm

Zubehör

sehr dichter Schaumgummiblock
Trapezmesser
Löffel
flacher Teller
kleine Malerwalze

1 Inkavogelmotiv fotokopieren. Den Rücken mit Kleber besprühen und auf dem Block aufsetzen. Vorsichtig um die Form mit dem Messer schneiden und den Hintergrund auslöffeln, damit das Vogelmotiv klar hervorsticht.

2 Einen Löffel Weißleim auf den Teller geben. Eine ähnliche Menge Tapetenleim und einige Tropfen goldbraune Farbe dazu geben und gut mischen. Die Walze durchrollen und auf den Stempel auftragen.

3 Das Motiv mehrmals auf den Lampenschirm drucken, indem Sie den Stempel kurz auf die Fläche pressen und wieder abheben. Der Tapetenleim erzeugt eine geleeartige Mischung, und hinterlässt eine interessante Struktur.

4 Einige tropfen der dunkleren Farbe der Mischung beigeben und weitere Motive aufstempeln.

FÜRSTLICHER PAPIERKORB

Bringen sie mit diesem eleganten Papierkorb fürstliches Ambiente in Ihr Wohn- oder Arbeitszimmer. Dafür eignet sich beinahe jegliche Art von Behälter.

SIE BRAUCHEN

Material

5 mm dickes Polyboard oderWellpappe
Papierkorb
Klebestift
Baumwollpfeifenschnur
Akrylgesso
dünne Pappe
Akrylfarben: rot, gelb und dunkelgrün
Schuhlack: braun, schwarz und farblos
Papiertücher
Goldblatt-Anlegeöl
Metallblatt
Polyurethanlack

Zubehör

Papier
Bleistift
Schere
Trapezmesser
Schneidematte
Klebepistole und -patronen
Flachpinsel
feiner Haarpinsel

1 Die Vorlagen für die Schild- und Kreuzmotive vergrößern und aus Papier ausschneiden. Das Schildmotiv viermal auf Polyboard oder Pappe zeichnen und mit dem Trapezmesser ausschneiden. Die Schilder an den Seiten des Korbs ankleben. Die Pfeifenschnur muss um die Schilder reichen und unten in einer Schleife enden. Mit der Klebepistole ankleben. Mit zwei Lagen Akrylgesso innen und außen bemalen.

2 Dünne Pappe mit Gesso bemalen und viermal um die Kreuzvorlage zeichnen. Akrylfarben so mischen, daß sie Rotoxidgrundierungen ähneln. Schilder und Oberteil des Korbs bemalen. Mit einem großen Pinsel in ausschweifenden Bewegungen Flecken aus braunem, schwarzem und farblosen Schuhlack über das Gesso, einschließlich Schnur und Kreuzmotiv, auftragen. Den Schuhlack mit Küchenpapier abwischen, bis der erwünschte Effekt erreicht ist.

3 Kreuze ausschneiden. Eine dünne Lage Goldblatt-Anlegeöl auf die Rotoxidflächen aufmalen und, wenn es fast trocken ist, Goldblatt auftragen und durch das Rückenpapier mit dem Daumen reiben. An manchen Stellen fester reiben, damit das Rotoxid durchscheint. Einen Fleck Goldblatt in die Mitte der Kreuze setzen. Ein Kreuz in jedes Schild kleben. Innen und außen mit Polyurethanlack beschichten.

LAUBBILD

Die Formenvielfalt von Blattgerippen eignet sich hervorragend für Dekorationszwecke. Auf handgemachtem Papier und eingerahmt ergeben sie erstaunlich natürlich wirkende Collagen .

SIE BRAUCHEN

Material

Holzbilderrahmen
Farbe
Fotokarton
Blattgerippe
goldener Rahmenwachs
handgemachtes Papier
Weißleim

Zubehör

feines Sandpapier
mittlerer Flachpinsel
Bleistift
Schere

1 Den Rahmen auseinandernehmen und vor dem Bemalen absanden. Den Rahmen nach Wunsch bemalen.

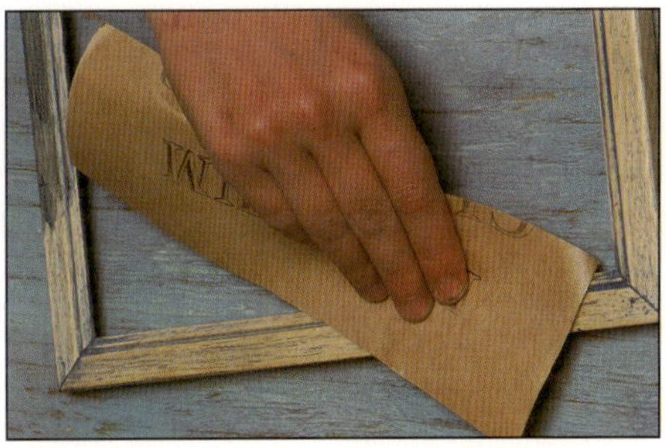

2 Trocknen lassen, dann das Rahmenholz erneut sanden, um einen Farbschleier mit Schattierungen auf den Leisten zu erzeugen.

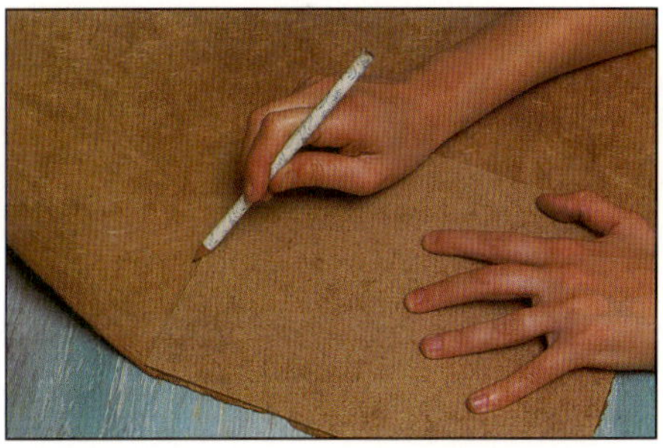

3 Den Rücken des Rahmens als Vorlage für den Fotokarton verwenden. Darum herum die Schnittlinie zeichnen.

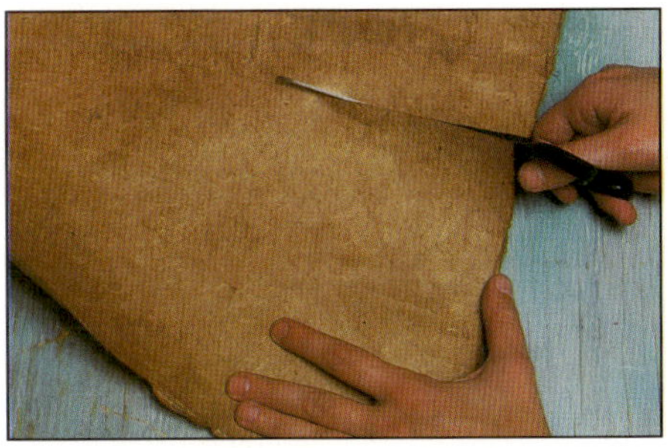

4 Fotokarton mit der Schere ausschneiden und auf dem Rücken kleben.

5 Das Blatt vorbereiten, indem es mit Goldwachs eingerieben wird. Gut einarbeiten.

6 Das handgemachte Papier in die Mitte des Fotokartons kleben und das Blatt darauf setzen. Dann den Rahmen zusammensetzen.

BAUERN-SCHUH-KARTON

Schuhkartons sind perfekte Behälter. Dieser ist mit Packpapier bedeckt, das gerollt und verdreht, dann aber wieder entrollt wurde.

SIE BRAUCHEN

Material

Schuhkarton
cremefarbige Latexfarbe
braunes Paketpapier
Tapetenleim
Weißleim
dickes weißes Papier
Holzbeize (z. B. Kiefer)
dicker, grober Strick
10 x 10cm-Quadrat Katun
Wäscheklammern

Zubehör

kleiner Flachpinsel
großer Haarpinsel
Schere
Behälter für Weißleim
Klebepistole und -patronen (oder Alleskleber)

1 Den Schuhkarton mit Cremefarbe bemalen, bis die Aufschrift verdeckt ist. Trocknen. Packpapier aufrollen und zerknittern. Falten. Dann so klein wie möglich zusammendrehen. Auseinanderdrehen und öffnen.

2 Den Karton mit Tapetenleim bestreichen. Die Schachtel mittig auf das braune Papier stellen. Das Papier um den Karton falten und auf die klebrige Fläche drücken, aber nicht zu sehr glätten. Das Papier an die Kartonkanten schieben und an diesen entlang schneiden. Die Endklappen mit Leim ankleben.

3 Die Enden des braunen Papiers nacheinander um die Seiten des Kartons falten. Eins auf das andere kleben, um 2 große Dreiecke zu bilden.

4 Die Dreiecke über die Seiten falten und an die Innenseiten des Kartons kleben.

5 Das Innere säubern, indem Sie etwas braunes Papier genau auf den Boden pas-send schneiden.

6 Mit einem trokkenem Pinsel einen Streifen Weißleim auf das weiße Papier auftragen. Einige Stücke weißes Papier unbemalt lassen. Ganz trocknen lassen. Holzbeize darüber auftragen.

7 Das Papier in grobe, dreieckige Formen reissen. Wenn Sie es im spitzen Winkel anreissen, reisst es mit dünnen, weißen Kanten. Diese Kanten mit Holzbeize bestreichen.

8 Die Papierdreiecke von der Basis zur Spitze rollen. Die Streifen mit Schnur bündeln und einen Knoten binden. Die Schnurfäden auseinanderzwirlen, damit sie eine Quaste bilden.

9 Die Katunkanten zerfasern, dann in der Mitte zerkrempeln, dabei mit Wäscheklammern festhalten. Die Klebepistole aufheizen und Kleber auf die Falten auftragen. Das Katun auf den Deckel pressen.

10 Die Klammern vom Katun entfernen und mehr Kleber auftragen. Das Rindenbündel (gerolltes weißes Papier) auf das Katun pressen.

ROSENBLATT-KONFETTI-SCHACHTEL

Diese nette kleine Papierschachtel ist ein hübscher Konfettibehälter und kann z. B. als Andenken an den Hochzeitstag aufbewahrt werden.

SIE BRAUCHEN

Material

Karton oder steifes Papier
rosa Farbe
Goldtusche
beidseitiges Klebeband
Schmuckband
Rosenblätterkonfetti

Zubehör

Pauspapier
Bleistift
Schere
feiner Haarpinsel
Metalllineal
stumpfes Messer
Schneidematte
Trapezmesser

1 Das Muster für die Konfettischachtel pausen und vergrößern. Das Muster auf die Schachtel legen, den Umriss zeichnen und ausschneiden. Die Pappe nässen und runde rosa Formen so aufmalen, dass die Farbe ausblutet. Trocknen. Mit Goldtusche Kreise und Blätter aufmalen.

2 Die Pappe auf die Schneidematte legen. Mit Lineal und stumpfem Messer Faltlinien einkerben.

3 Mit scharfem Messer vorsichtig Schlitze für das Band einritzen.

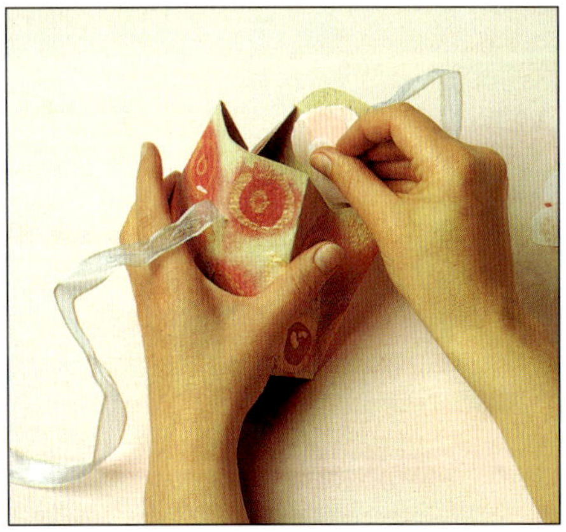

4 Ein Stück beidseitiges Band schneiden und auf eine Seite der Klappe stecken. Die Matritze abziehen, Klappe überfalten und festkleben. Unter die untere Kante falten und das Band durch Schlitze ziehen. Mit Konfetti füllen und eine Schleife binden.

Beth - le - hem,
Beth - le - hem?
dim.

KARTE MIT NACHDENKLICHER PUTTE

Diese kunstvolle Karte ist nicht schwer herzustellen und sagt doch einem geliebten Menschen, dass Sie an ihn denken. Auch manche gewöhnlichen Bleistifte sind wasserlöslich. Daher das ausprobieren, was zur Hand ist, ehe Sie in einen Laden gehen.

SIE BRAUCHEN

Material

Abdeckband
schweres Wasserfarbenpapier
dünne Pappe
wasserlösliche Bleistifte: dunkelgrün, hellblau, dunkelblau, hellblau, rot, rosa und grau
Wasserfarben oder Maltuschen: rosa und orange
Alleskleber
Glanzkleber

Zubehör

Pauspapier
Bleistift
Schneidematte
Trapezmesser
Schere
feiner Haarpinsel
Pinsel für Kleber

1 Die Muster für den Hintergrund und die Putte pausen und nach Bedarf vergrößern. Mit Klebeband an das schwere Wasserfarbenpapier befestigen und vorsichtig die Umrisse nachzeichnen, dabei einen Knick im Papier lassen. An den Faltlinien falten.

2 Den Entwurf für den Rahmen auf dünne Pappe auf gleiche Weise übertragen. Die Karte und den Rahmen ausschneiden und falten.

3 Den Hintergrund und Putte mit wasserlöslichen Bleistiften einmalen. Die Putte vorsichtig ausschneiden. Auf Resten vom Wasserfarbenpapier Blüten und Stiele zeichnen und einmalen. Mit feuchtem Pinsel über Bleistiftarbeit fahren.

4 Die Außenseite der Karte mit Wasserfarben oder Maltusche dekorieren, Farben für fleckige Effekte mischen.

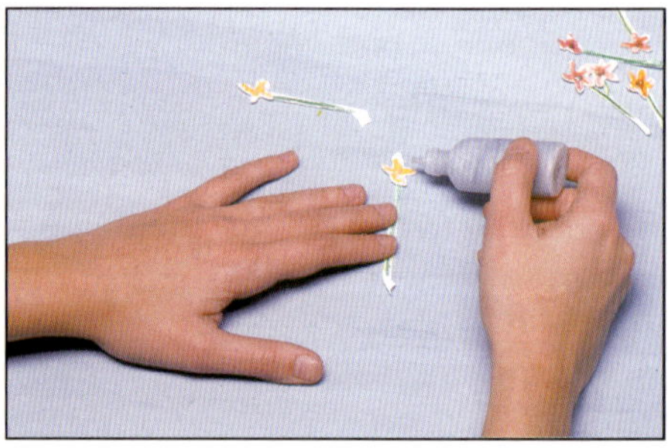

5 Die Blumen ausschneiden, zusammenkleben und etwas Glanzkleber in der Mitte auftragen. Etwas Glanzkleber auf die Puttenflügel geben.

6 Die Ränder der Putte und des Hintergrunds an den Punkten A und C aufreihen. Einige Blumen aufkleben.

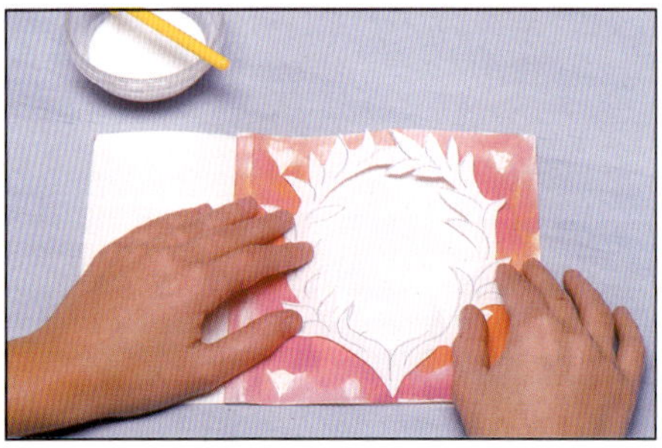

7 Den Rahmen an Punkt D an die Kartenvorderseite kleben. Mehr Blumen innen am Rahmen ankleben.

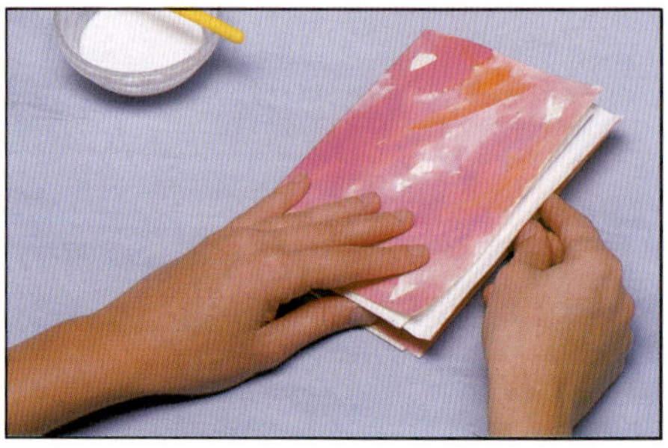

8 Schließlich den Hintergrund und die Putte in die Karte kleben, dabei vorsichtig die Linie der Punkte B einhalten. Klappe A anstecken, um die Karte zusammenzustellen und Karte falten. Unter einem Buch pressen.

TOLLE SPIELKARTEN

Ein Kartenspiel bereitet immer Spaß – warum nicht der Familie ein eigenens Spiel schenken? Jede Schablone kann mehrmals verwendet werden.

SIE BRAUCHEN

Material

schweres Papier
vier verschiedene Farben
Papierkleber
mittelschwerer Karton

Zubehör

Lineal
Bleistift
Schablonenkarton
Schere
Trapezmesser
Schneidematte
kleine Schwammquadrate
Palette oder Untertassen für Farben

1 Vier Stücke Schablonenkarton à ca. 6 x 9cm abmessen und dann ausschneiden.

2 Ein anderes Symbol auf jede Karte zeichnen. Mit Trapezmesser über der Matte ausschneiden.

3 Rechtecke aus farbigem Papier (6 x 9cm) schneiden. Die erste Schablone auf eines der Rechtecke setzen. Mit einem Schwammquadrat Farbe auftupfen bis der Ausschnitt ganz gefüllt ist. Vorsichtig die Schablone entfernen ohne die Farbe zu verschmieren. Mit allen Schablonen wiederholen, bis Sie genug Karten gemacht haben. Jedes schablonierte Rechteck auf ein etwas größeres, mittelschweres Pappstück kleben. Gründlich trocknen.

ELEGANTE GEPRÄGTE KARTEN

Geprägtes Papier hat ein sehr gekonntes und teueres Aussehen, ist aber nicht schwer herzustellen. Es gibt mehrere einfache Techniken. Am besten legt man das Papier über eine Schablone und reibt es auf dem Rücken.

SIE BRAUCHEN

Material

buntes Papier, Pappe und Umschläge
Weißleim

Zubehör

vorgefertigte Schablone oder Pappausschnitt
Prägewerkzeug
Schere
Pinsel für Kleber

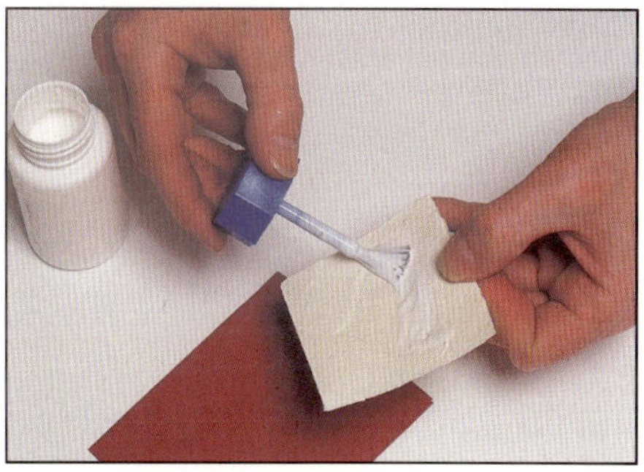

1 Die Schablone oder den Ausschnitt auf eine flache Arbeitsfläche legen und mit Papier bedecken.

2 Fest drücken, das Prägewerkzeug sanft über den ausgeschnittenen Bereich reiben. Den Druck erhöhen, bis die Form als deutliche Prägung erscheint.

3 Das Papier zuschneiden und auf den Papphintergrund kleben. Mit kontrastierendem Umschlag verbinden oder Loch durchstoßen, Band einfädeln und anhängen.

SCHNURDRUCKE

Schnur kann auf einen Pappblock in beliebig vielen Mustern angebracht und zum Musterdrucken verwendet werden. Schnurdruck ist auch für kleinere Kinder spielend leicht zu erlernen.

SIE BRAUCHEN

Material

Pappe
Weißleim
Schnur
Farben
buntes Papier

Zubehör

Schere
Filzstift
Pinsel für Kleber
Behälter für Kleber und Farbe
großer Haarpinsel

1 Einige Pappquadrate mit der Schere ausschneiden und mit Weißleim zu einem dünnen Block zusammenkleben.

2 Einen beliebigen Entwurf mit Filzstift auf die Pappe aufmalen.

3 Die Pappe mit Kleber bestreichen und Schnur um den Umriss des Musters kleben. Trocknen lassen.

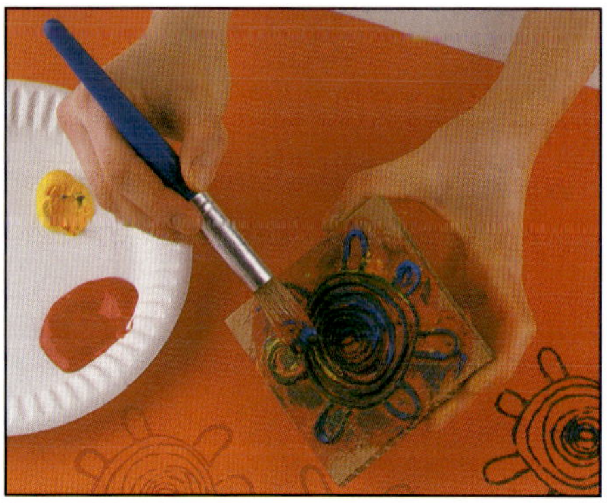

4 Farbe mit einem Pinsel auf den Stempel tupfen. Auf das Papier drücken. Die Formen ausschneiden und auf Bücher und Kisten kleben.

GEMALTE POSTKARTEN

Seien Sie originell und machen Sie Ihre eigenen Postkarten. Diese einfallsreiche Methode, bei der Farbe aufgetragen und wieder abgekratzt wird, ergibt sehr professionell aussehende Resultate.

SIE BRAUCHEN

Material

schweres buntes Papier in mehreren Farben
Goldpapier
mehrere Farben
Papierkleber

Zubehör

Lineal
weicher Bleistift
Schere
mittlerer Haarpinsel

1 Rechtecke à 10 x 12cm ausmessen und aus buntem Papier ausschneiden.

2 Kleinere Rechtecke aus Goldpapier schneiden und Farbe auf das Goldpapier auftragen.

3 Während es noch nass ist, ein Muster in die Farbe mit weichem Bleistift zeichnen. Gründlich trocknen.

4 Um die ausgekratzten Bilder schneiden und dabei einen kleinen Rand lassen. Jedes mit Papierkleber auf ein Rechteck buntes Papier kleben.

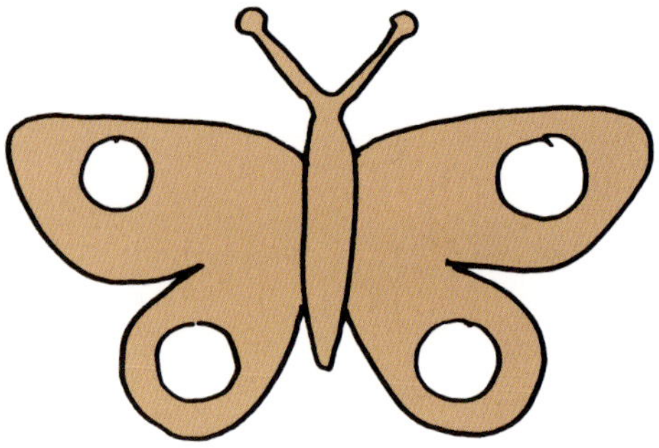

SCHMETTERLINGSGESCHENKPAPIER
Muster 100% natürlicher Größe

INKAVOGEL-LAMPENSCHIRM
Muster 75% natürlicher Größe

VERGOLDETER LAMPENSCHIRM
Muster 100% natürlicher Größe

FÜRSTLICHER PAPIERKORB
Muster 100% natürlicher Größe

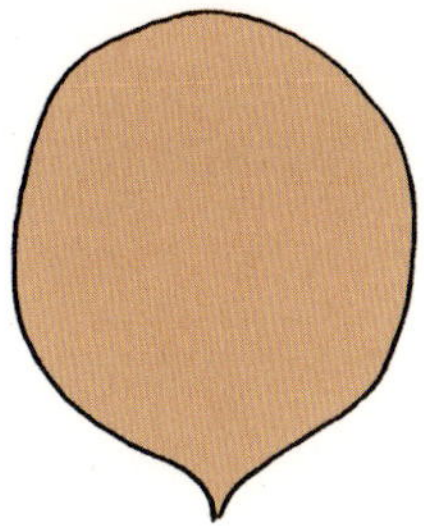

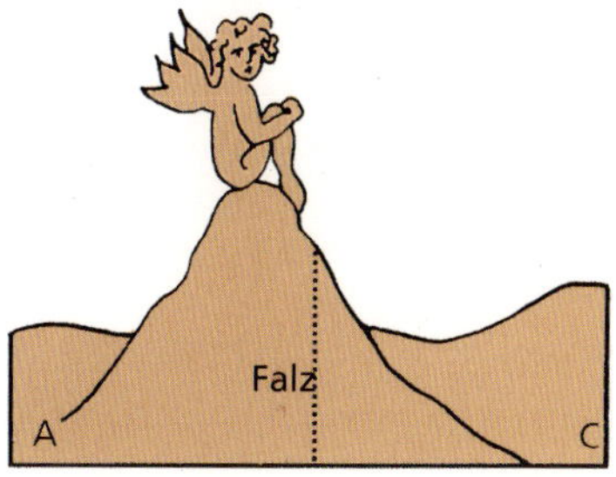

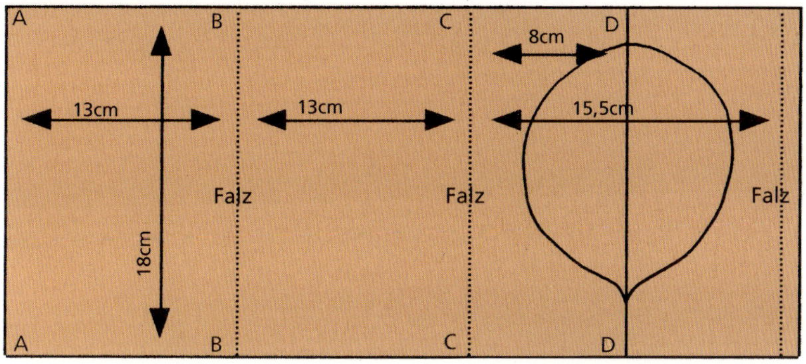

Vorderseite

Vorderseite

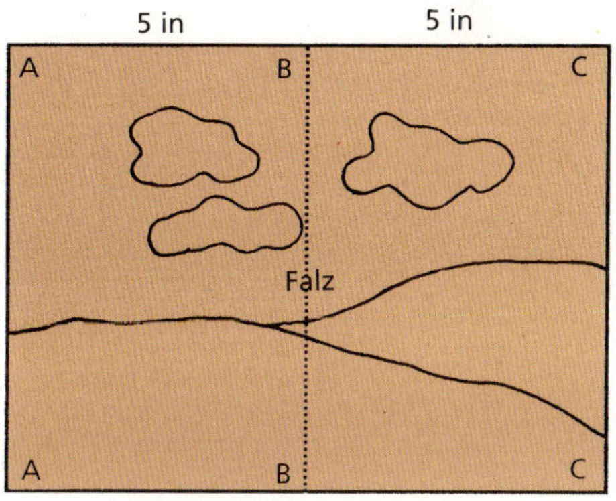

Hintergrund

SCHACHTEL MIT NACHDENKLICHER ENGEL
Muster 100% natürlicher Größe

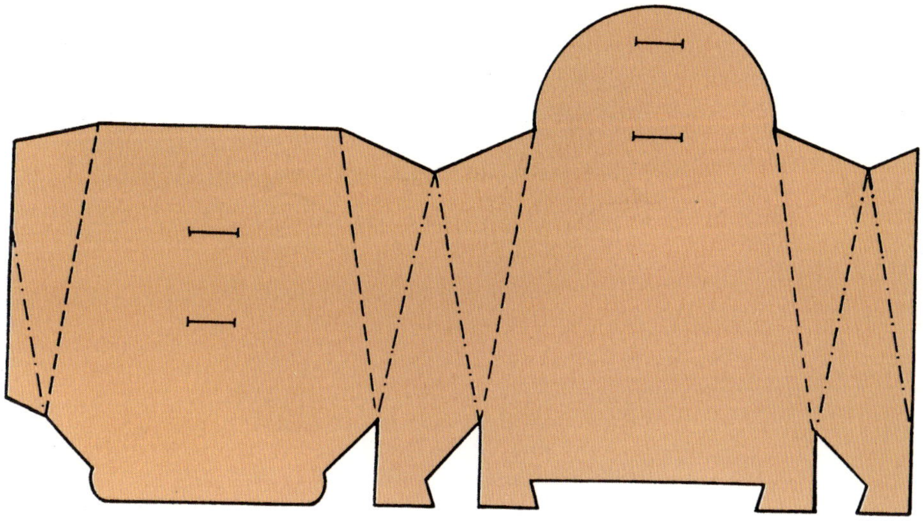

ROSENBLATT-KONFETTISCHACHTEL
Muster 100% natürlicher Größe

PAPIER-KONSTRUKTION

Die Japaner sind berühmt für ihre atemberaubenden Papierkonstruktionen, angefangen mit kleinen Schachteln bis hin zu Hauswänden. Zwischen diesen Extremen liegen viele vergnügliche Produkte, die ganz aus Papier oder etwa dünner Wellpappe hergestellt werden. Ein dauerhafter Anstrich verleiht den fertigen Objekten zusätzlichen Reiz.

Dieses Kapitel zeigt, wie Sie aus einem einfach anmutendem Rohstoff zahlreiche nützliche Gegenstände fertigen. Zuerst kommen Ihnen vielleicht Schachteln in allen Formen und Größen in den Sinn, aber die Prinzipien der Papierkonstruktion können auf Dutzende von Dingen übertragen werden: Karten, Tabletts, Taschen, Handtaschen, Briefmappen, Lampenständer, Skulpturen, Mobiles, Schirme, ein Puppenhaus oder winzige Schubladen.

Wenn Sie die Grundprinzipien des Faltens, Zusammenfügens und Verstärkens gelernt haben, werden Sie die vorgestellten Techniken Ihren Wünschen anpassen. Manche Möbelmacher haben sogar Tische und Stühle aus Wellpappe geschaffen. Eigenen, ehrgeizigen Projekten steht also nichts im Weg.

PUPPENHAUS

Dieses eigenartige Puppenhaus wird aus dickem Graukarton zusammengesteckt. Die Kartonsäulen unterscheiden es vom traditionellen Puppenhausentwürfen. Das Haus können Sie mit Wasserfarben bemalen und innen mit Geschenkpapier oder Stoff auskleiden.

SIE BRAUCHEN

Material

dicker, unbeschichteter Graukarton
Haftkleber
einseitige Wellpappe
starker Kleber
Metallangeln und Schrauben

Zubehör

Papier
Bleistift
Trapezmesser
Schneidematte
Metalllineal
Schere
Klebepistole und -patronen (wahlweise)

1 Mit den Mustern Vorlagen für die Vorder- und Rückseiten des Hauses anfertigen. Dann auf Graukarton übertragen. Die Lage der Fenster auf der Vorderseite und der Schlitze auf der Rückseite anzeichnen und vorsichtig mit einer scharfen Klinge und Metalllineal über der Schneidematte ausschneiden. Genaues Messen ist sehr wichtig.

2 Die Seitenstücke auf Graukarton aufzeichnen. Ausschneiden und dabei vorsichtig um die Laschen schneiden. Die Fenster und Schlitze ausschneiden, wo sie angezeichnet sind.

3 Die beiden Bodenstücke aus Graukarton aufzeichnen und vorsichtig ausschneiden. Möglicherweise müssen Sie die Klinge oft wechseln, damit Sie immer mit einem scharfen Messer schneiden.

4 An der vorderen Klappe das Bodenstück einkerben und umfalten. Die Rückseite auf die Fläche legen und die beiden Bodenstücke einstecken. Die Seitenstücke auch in den Rücken und Boden stecken, indem der Graukarton vorsichtig gebogen wird.

5 Ein Rechteck von 64 x 33cm für das Dach aus-schneiden. Eine Linie entlang der Mitte aufzeichnen und leicht einkerben. Zwei weitere Stücke zu 29 x 28cm schneiden.

6 Die beiden Stücke auf jede Dachhälfte einige Millimeter von der Mittellinie aufkleben. Vorsichtig das Dach biegen, damit es an der Kerbe faltet. Den Kleber an der Oberseite der Seiten- und Rückwände auftragen, dabei die Tafeln im Dach an die klebstofftragenden Kanten ansetzen. Für zusätzliche Stärke ein Pappdreieck an der Innenseite des Daches festkleben.

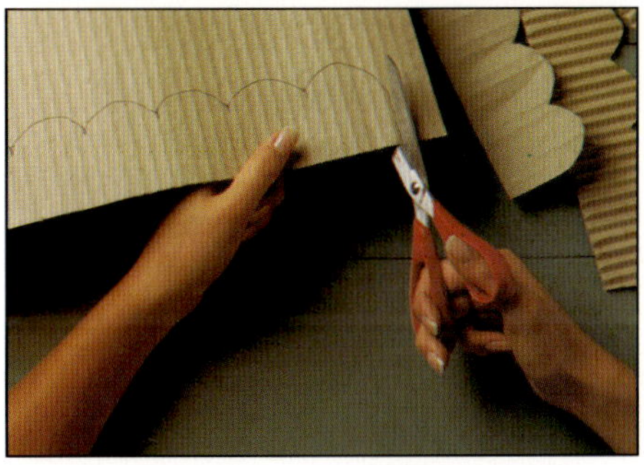

7 Mit Hilfe der Muster die Ziegel auf der Rückseite der Wellpappe aufzeichnen. Mit der Schere ausschneiden. Unten beginnend die Ziegel etwas überlappend auf das Dach kleben, bis es ganz bedeckt ist. Einen Streifen Pappe entlang den Wellenrücken schneiden und auf dem Dachkamm kleben.

8 Rechtecke aus Wellpappe für die Säulen ausschneiden, 6 x 33 cm und 6 x 30cm. Leicht umbiegen und an das Vorderstück kleben. Schnörkel aus Pappstreifen anfertigen und festkleben. Die Markisen mit Hilfe der Vorlagen ausschneiden und vorne an den Dachrand kleben. Pappstreifen für Fenster und Tür ausschneiden und einkleben.

9 Jedes Vorderstück an das Haus in der entsprechenden Stellung halten und die Lage der Angeln an den Vorder- und Seitenwänden anzeichnen. Die Angeln mit starkem Kleber festkleben, notfalls mit der Klebepistole. Etwas Wellpappe an den Vorderkanten des Dachs festkleben. Vorhänge und Ziegel ausschneiden und ankleben.

ORIGAMI-KÄSTCHEN

Dieses Projekt ist für den wirklichen Anfänger geeignet, aber mehrere Versuche können notwendig sein, ehe es klappt. Sie können die Schachteln in jeder beliebigen Größe falten und jedes ausreichend starke Papier verwenden. Packpapier knickt gut, kostet wenig und ist stark, also am besten damit üben.

SIE BRAUCHEN

Material

ein Papierbogen für jede Schachtel
doppelseitiges Klebeband

Zubehör

Schere

1 Einen Papierbogen zu einem perfekten Quadrat schneiden. Das Quadrat Ecke an Ecke falten und öffnen, so dass vier gleich große Dreiecke entstehen.

2 Das Papier wenden, dann in vier Quadrate falten. Auffalten, damit acht gleich große Dreiecke entstehen. Die Mitte des Papiers ist Punkt A.

3 Das Modell hoch halten und alle Seite zusammenschieben, damit die Ecken in der Mitte liegen.

4 Das Modell flach drücken. Punkt A ist jetzt eine Ecke des Models. Halten Sie ihn auf sich zugewendet.

5 Den Punkt gegenüber von Punkt A so falten, dass sich beide treffen. Entlang der Mittellinie knicken.

6 Nun zur Mittellinie falten und knicken. Dann wieder auseinanderfalten.

7 Denselben Punkt zum letzten Knick falten, dann nochmal zur Mittelinie falten. Das Modell umdrehen, Schritte 5 - 7 wiederholen.

8 Mit Punkt A noch immer auf Sie zugewendet die obere Schicht der linken Ecke zur rechten Ecke falten. Jetzt haben Sie ein Quadrat. Die linke Ecke und die obere Lage der rechten Ecke zum Mittelpunkt falten und knicken. Die obere rechte Schicht über die Linke bringen. Umdrehen und wiederholen.

9 Punkt A ist nun die Basis eines kleineren Dreiecks. Hoch-falten zu dem Punkt, wo es die Seiten trifft. Gut knicken, dann in die andere Richtung falten. Entfalten.

10 Die Hand in das offene Ende einführen. Die Finger ausbreiten während Sie den Boden des Modells, Punkt A, hoch-drücken. Die Schachtel wird mit 2 kantigen und 2 spitzen Seiten erscheinen.

11 Die beiden spitzen Seiten auf Höhe der anderen umfalten und die Enden unter die Schachtel stecken. Die Enden können mit doppel-seitigem Klebeband befestigt weren.

MOBILE

Dieses Mobile aus geometrischen Formen wird durch Kerben und Schneiden eines Stücks zweifarbiger Pappe hergestellt. Das drehende Quadrat zeigt, daß man erstaunliche Mobiles mit einfachsten Mitteln herstellen kann.

SIE BRAUCHEN

Material

mittelschwere Pappe, eine Seite weiß, die andere bunt
Schnur oder Faden

Zubehör

Bleistift
Metalllineal
Trapezmesser
Schneidematte
Radiergummi
Locher

1 Ein Pappquadrat 18 x 18cm zeichnen. Zwei 90° V-Figuren wie gezeigt zeichnen. Eine der Figuren muss näher an der Kante sein.

2 Ein weiteres V-Paar an der Diagonale innerhalb des ersten Paars zeichnen. Ebenso ein drittes Paar.

3 Ein letztes V-Paar an der zweiten Diago-nale zeichnen. Falls Platz bleibt, diesen ausfüllen.

4 Vorsichtig entlang der V-Figuren aus-schneiden. Bleistiftlinien ausradieren und ein Loch einstanzen.

5 In die noch flachliegende Pappe kurze Linien an den Enden der V-Figuren, dort, wo Sie die Pappe falten werden, einkerben. Dazu die Klinge wenden und und vorsichtig an einer Linealkante entlang ziehen.

6 Die Pappe entlang der gekerbten Linien falten und eine Serie verdrehter Quadrate, die ineinander gelagert sind, herausziehen. Faden oder Schnur durch das Loch zum Aufhängen ziehen. Nach Wunsch eine zweite Form herstellen und an die erste anhängen.

PAPIERKIELE

Mit der alten Papierkunst des Kielemachens wird eine aparte Karte hergestellt. Sie können mit dieser Technik auch ein Bild herstellen.

SIE BRAUCHEN

Material

verschiedenes, buntes Papier
starker, klarer Kleber
Pappe in kontrastierenden Farben

Zubehör

Schere
Lineal
Bleistift

1 Lange, schmale Papierstreifen aus verschiedenfarbigem Papier schneiden. Zuerst ein Ende mit dem stumpfen Scherenende biegen und dann fest aufrollen.

2 Die Rolle etwas loslassen und dieses Ende kleben. Festhalten bis es trocken ist. Die Außenseite der Rolle zwischen den Fingern pressen, um verschiedene Formen wie Birnen, Schnörkel und Augen zu schaffen.

3 Ein rechteckiges Stück Pappe abmessen, ausschneiden und in der Mitte falten. Die geformten Kiele auf der Pappe anordnen und festkleben, indem der Kleber unten an jedem Keil angebracht wird.

PAPIER-WINDRAD

Dieses hübsche Windrad ist eine schöne Verzierung für jedes Kinderzimmer.

SIE BRAUCHEN

Material

buntes Papier in drei Farben
Weißleim
Büroklammer
25 cm Holzstange
Korken

Zubehör

Schere
Pinsel für Kleber
Lineal
Bleistift
Radiergummi
feines Sandpapier
Bohrer

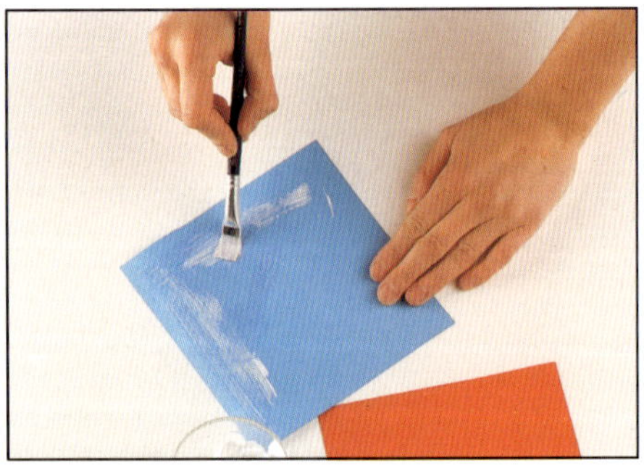

1 Zwei 15cm große Papierquadrate ausschneiden. Jedes in einer anderen Farbe. zusammenkleben.

2 Diagonalen über die Mitte der Quadrate in beide Richtungen ziehen. 7cm von jeder Ecke abmes-sen und mit einem Punkt kennzeich-nen. Bis zu den Punkten schneiden, dann Bleistift ausradieren.

3 Vorsichtig jeden zweiten Punkt zur Mitte des Quadrats biegen. Mit einem Pinsel, die Punkte zusammenkleben, das Papier fest-halten, bis der Kleber fest ist.

4 Einen kleinen Kreis aus der dritten Papier-farbe ausschneiden. Eine Büroklammer ausbiegen, ein Ende aufrollen und auf die Mitte des Kreises kleben.

5 Das andere Ende der Büroklammer durch die Mitte des Windrads schieben. Die Enden der Stange absanden, dann ein kleines Loch 3cm von einem Ende entfernt bohren.

6 Das spitze Ende der Klammer in den Dübel schie-ben. Kleber auf das Klammerende auftragen und einen Korken als Schutz aufstecken.

VOGELSKULPTUR AUS PAPIER

Diese farbenfrohen Vögel vereinen ein helles, modernes Design mit volkstümlicher Bemalung. Auf Nylonfäden aufgebunden, ergeben sie ein fabelhaftes Mobile.

SIE BRAUCHEN

Material

steifes, farbiges Papier
Farben
feine Schnur

Zubehör

Bleistift
Pauspapier
Schere
Lineal
Stapler
Locher
Untertasse
feiner Haarpinsel

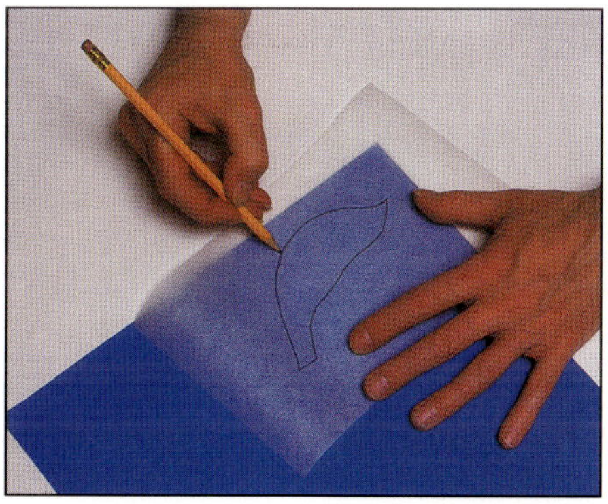

1 Die Vogelmuster nachzeichnen, dann auf farbiges Papier übertragen.

2 Mit der kleinen Schere die Flügel und Körper ausschneiden.

3 Das stumpfe Ende der Schere verwenden, um Faltlinien in 6mm-Intervallen in die Flügeln zu kerben, dann falten.

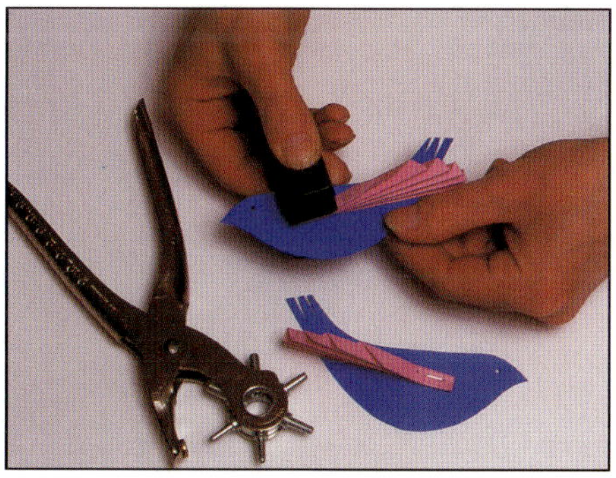

4 Einen Flügel an jede Vogelhälfte ansetzen und ausfächern. Ein kleines Loch in beide Seiten für die Augen stanzen.

5 Punkte auf die Unterseiten der Vogelkörper malen. Nach dem Trocknen einen Punkt als Kontrast in die Mitte setzen. Trocknen.

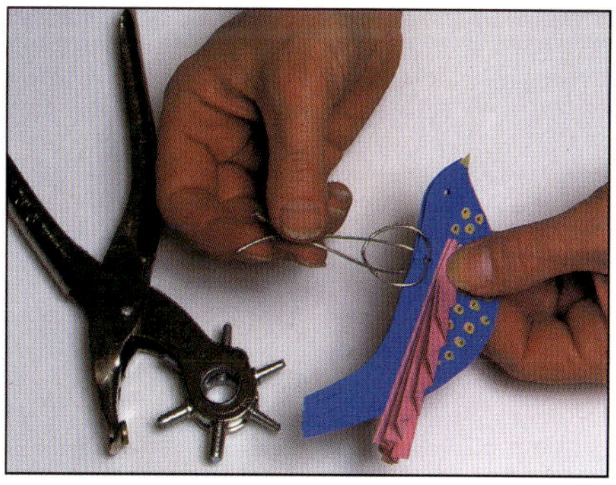

6 Ein Loch oben etwa auf halber Länge des Vogelkörpers anbringen und feine Schnur einfädeln.

PAPIER-LATERNE

Die raffinierten Strukturvariationen japanischen Papiers werden in diesen schönen Papierlaternen perfekt vorgeführt. Kleine Kerzen in Gläser stellen und in die Laternen setzen.

SIE BRAUCHEN

Material

Papier
handgemachtes, japanisches Papier
Abdeckband
dünner Weidenzweig
doppelseitiges Klebeband
natürliche Kiefernstreifen (zum Korbflechten) oder dünne Pappe

Zubehör

Bleistift
Schere
Ahle
Trapezmesser und Schneidematte

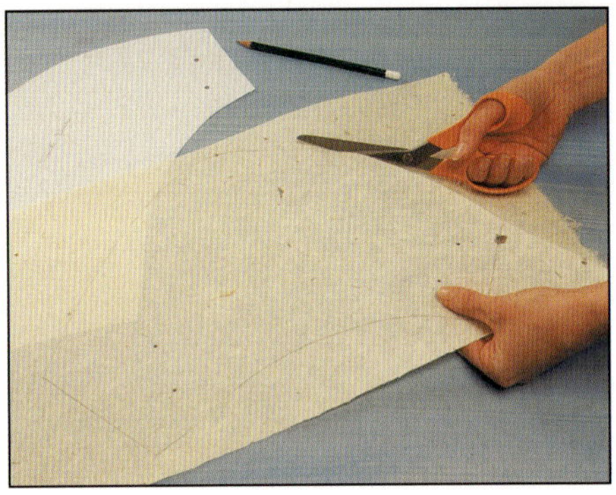

1 Für den einfachen Schirm das Muster vergrößern und auf japanisches, handgemachtes Papier zeichnen. Lage der Löcher schwach mit Bleistift anzeichnen. Den Schirm ausschneiden.

2 Eine kleine Lasche Abdeck-band hinten am Papier in jedes Loch als Verstärkung einführen.

3 Mit der Ahle kleine Löcher an den angezeichnten Stellen einstechen.

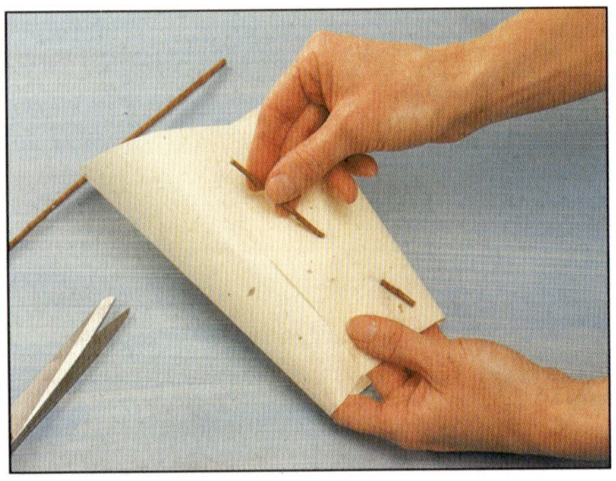

4 Ein kurzes Stück Weidenzweig als Befestigung schneiden, dann die Laterne in einen Zylinder biegen und die Löcher aufreihen. Den Zweig einschieben.

5 Für den Blütenschirm, das Muster ver-größern und auf japanisches Papier zeichnen. Die beiden Vorlagen ausschneiden und Überlappung und Befestigungsschlitze einzeichnen. Jeden Schlitz hinten mit Abdeckband verstärken, dann beide Stücke flach entlang der Markierung übereinander legen. Die Stücke mit beidseitigem Band zusammenkleben.

6 An den Markierungen kleine Schlitze einschneiden.

7 Eine lange, dreieckige Befestigung aus Kiefernfurnier oder dünner Pappe ausschneiden.

8 Die Laterne zu einem Zylinder biegen und mit beidseitigem Klebeband befestigen. Vorsichtig die Blätter umbiegen.

GESCHENKSCHACHTELN

Mit wenig mehr als etwas farbiger Pappe, den einfachsten Werkzeugen und etwas Phantasie, kann man flachen, dünnen Karton schnell in eine schöne Geschenkschachtel verwandeln.

SIE BRAUCHEN

Material

dünne, farbige Pappe
Stempelkissen
doppelseitiges Klebeband

Zubehör

Lineal
Bleistift
Trapezmesser und Schneidematte
Gummistempel
Zeichendreieck
stumpfes Messer

1 Die Schachtel dem Muster nachzeichnen. Die Maße nach Bedarf verändern, aber die Proportionen beibehalten.

2 Die Schachtel mit Messer und Lineal ausschnei-den, damit saubere Linien entstehen.

3 Mit einem geradkantigen Papier oder Lineal zur Führung Motivreihen diagonal über die Karten auf-stempeln.

4 Das Muster sollte über die Kanten hinauszgeführt werden, daher Teilmotive am Ende jeder anderen Reihe stempeln.

5 Auf der Rück-seite der Pappe ein Zeichendreieck gegen die Faltlinien halten und mit dem stumpfen Messer einkerben. Die Oberfläche der Pappe nicht einreissen.

6 Entlang der Ker-ben falten, dabei vergewissern, dass die Ecken rechtwinklig sind. Klebeband auf anliegende Kanten kleben. Matritze abziehen und Seiten zusammen-drücken. Genauig-keit ist wichtig, da das Band sich nicht umsetzen lässt.

7 Weiterfalten und Pappe so zusam-menstecken, dass die Ecken passgenau liegen. Die Enden einfalten.

WELLPAPPENMAPPE

Diese handgemachte Wellpappenmappe ist eine Kreuzung aus Schachtel und Umschlag. Die perfekte Verpackung für einen Seidenschal.

SIE BRAUCHEN

Material

Seidenpapier
Klebeband
Wellpappe
dickes, buntes Papier
vier Ösen oder Messing-Papierhalter
feine Schnur

Zubehör

Schere
Ahle (wahlweise)

1 Das Geschenk in Seidenpapier einwickeln und mit Klebeband befestigen. Die Form messen und Wellpapier gerade lang genug zum Einpacken schneiden. Mit Klebeband befestigen.

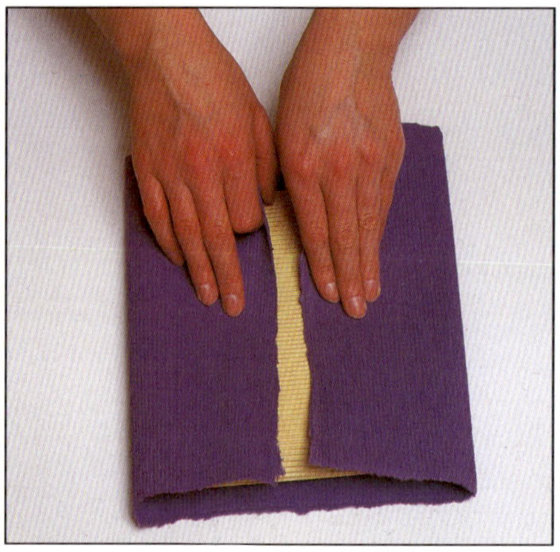

2 Die Form umdrehen und ein zweites, abgemessenes Blatt darum falten, damit die offenen Enden abgedeckt sind. Kleinen Abstand zwischen den Enden lassen. Eine rauhe Kante ist reizvoller.

3 Vier Scheiben à 2cm Durch-messer und vier 1,5cm-Scheiben aus farbigem Papier schneiden. An den Kanten wie gezeigt mit den Ösen oder Papierhaltern anbringen.

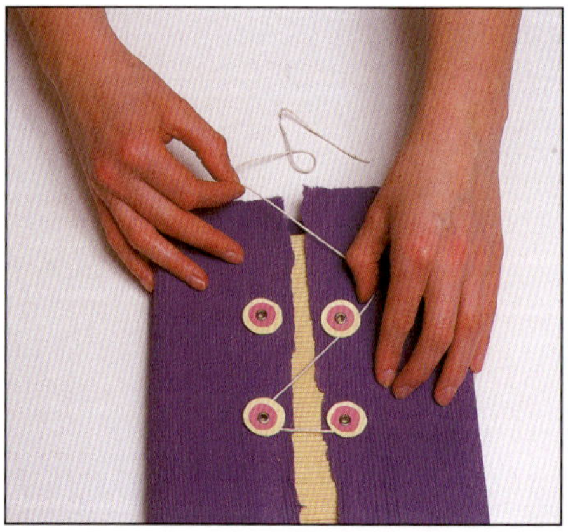

4 Ein Stück Schnur um die Scheiben wickeln, in der Mitte überkreuzen. Fest zusammenziehen und sicher verknoten.

PAPIERROSEN-GESCHENKSCHACHTEL

Besondere Geschenk sollten Sie in einer schön dekorierten Schachtel präsentieren. Die romantischen Rosen passen hervorragend zu Hochzeitsgeschenken.

SIE BRAUCHEN

Material

einseitiges und doppelseitiges Kreppapier in sanften Farben
Klebeband
runde Pappschachtel mit Deckel
Band mit Drahtrand

Zubehör

Schere
Lineal
Bleistift
Klebepistole und -patronen

1 Für die Rosen, 5 cm breite Streifen aus dem gefalteten Krepp-papier schneiden. Zwei Streifen zueinander recht-winklig kleben. Übereinander im Akkordeonmuster falten.

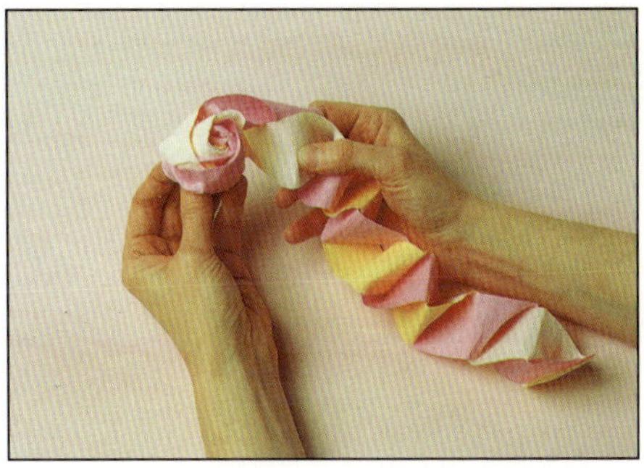

2 Die Enden fest haltend das Akkordeon voll ausstrecken, zusammendrehen und winden, um die Rosenform zu erhalten. Die Streifenenden zu einem Stiel verkleben. Mehrere Rosen herstellen.

3 Die Schachtel und Deckel mit Kreppapier plissieren und anstecken, möglichst flach.

4 Die Rosen oben aufkleben. Mit Drahtband eine großzügiger Schleife binden.

LUSTIGE PAPIERTÜTEN

Kleine Papiertüten sind leicht herzustellen und können für alles Mögliche verwendet werden. Sie sind ideal für Kinderfeste.

FÜR DIE TRAGTASCHEN BRAUCHEN SIE

Material

steifes, buntes Papier
doppelseitiges Klebeband
Schnur oder Band

Zubehör

Pauspapier
Bleistift
Lineal
Schere
Locher

FÜR DIE KREPP-PAPIERTASCHEN BRAUCHEN SIE

Material

Krepppapier
kontrastierender Faden
metallische Aufklebesterne
Silber- oder Goldband

Zubehör

Zackenschere
Nähmaschine mit Zackenaufsatz
Schere

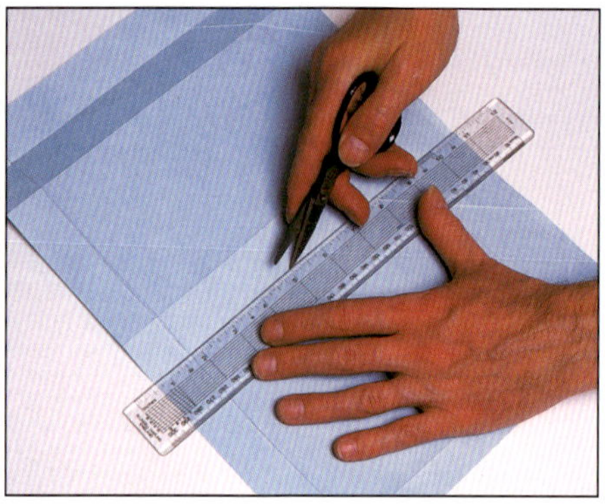

1 Die Tragtaschenvorlage vergrößern und auf steifes Papier übertragen. Die punktierten Linien sind Bergfalten, die gerasterten Talfalten und müssen in entgegengesetzte Richtungen gefaltet werden. Schere und Lineal verwenden, um Linien einzukerben.

2 Form ausschneiden. Die Tasche mit beidseitigem Klebeband an den Säumen zusammensetzen. Mit einem Locher oben gegenüberstehende Lochpaare anbringen.

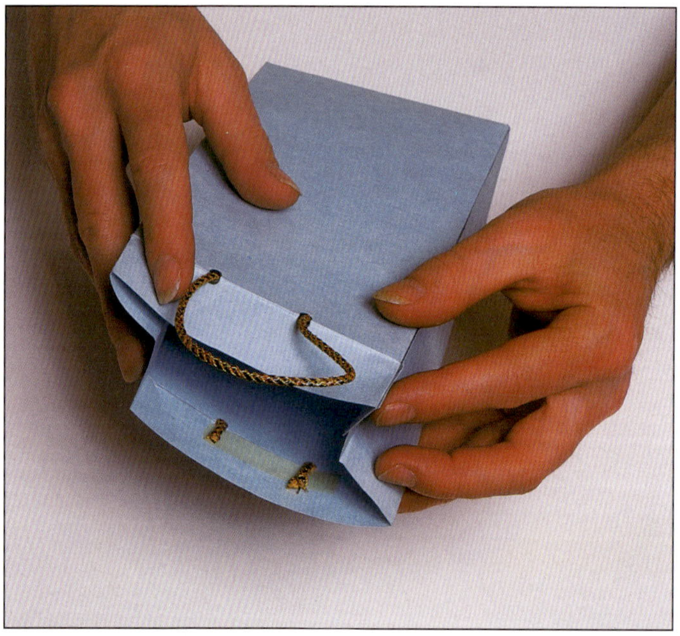

3 Ein Quadrat beidseitiges Klebeband unter jedes Loch im oberen Saum setzen. Die Schnur oder Band durchziehen, Matritze abziehen und zusammenpressen, um die Griffe zwischen der Tasche und dem überlappenden Saum in Position zu halten.

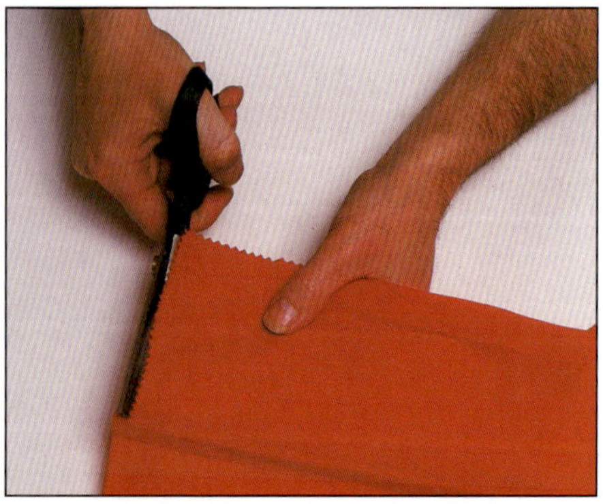

4 Für die Krepppapiertüte einige Rechtecke mit der Zackenschere ausschneiden.

5 Nähmaschine auf einen großen Zackenstich einstellen und mit Faden 3 Kanten nähen.

6 Klebesterne unregelmäßig aufsetzen, mit Geschenken füllen und mit Silber- oder Goldschnur binden.

EINZUGSGESCHENK

Dieses Projekt verwandelt eine Pappschachtel in eine neuartige Geschenkverpackung in Hausform.

SIE BRAUCHEN

Material

starke Pappschachtel
grobes, naturfarbiges, handgemachtes Papier
Weißleim
Wellpappe
Puppenhaus-Dachziegelpappe
schmales Ginganband

Zubehör

Bleistift
Schere
Lineal

1 Vom Mittelpunkt auf der längsten Seitenklappe der Schachtel Linien zu den Seiten zeichnen, mindestens 7,5cm nach unten vom oberen Rand. Diesen dreieckigen Abschnitt abschneiden und auf der anderen Seite wiederholen. Das ergibt die Dachlinie.

2 Rund um die Schachtel messen und strukturiertes Papier zurechtschneiden. Wenn Ihr Bogen lang genug ist, aus einem Stück schneiden. Die Schachtel als Muster benutzen, dabei wenden, um die Seiten zu zeichnen.

3 Auf dem Rücken des strukturierten Papiers Weißleim bis an die Kanten aufstreichen, dann glatt auf der Schachtel auflegen.

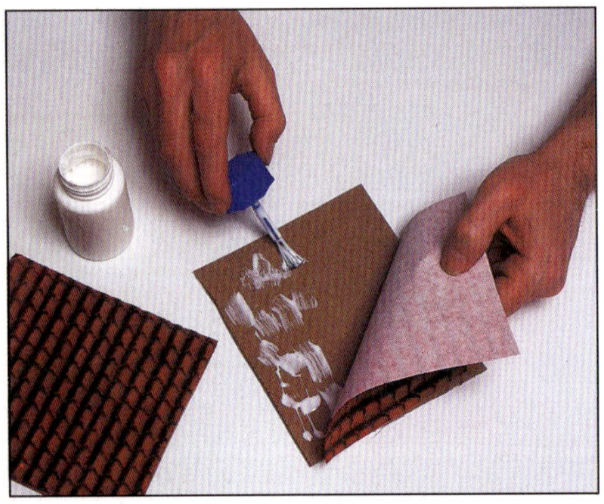

4 Der Dachlänge entlang die Schräge messen, leicht überragen lassen. Die Wellpappe und das Dachziegelpapier zurechtschneiden und beide zusammenkleben.

5 Das Dachsegment in zwei Hälften schneiden, dann jede Hälfte auf die Seitenklappe auf-setzen. Das Dach sollte sich beim Öffnen der Schachtel teilen, daher vergewissern, daß die beiden Teile an der Spitze zusammenkommen. Einen Streifen Wellpappe 4cm breit schneiden und in der Mitte kerben. Oben anzupassen und mit Ziegelpapier bedecken. Er sitzt oben auf dem Dach, hält beide Teile zusammen und wird selbst vom Band gehalten.

6 Ein langes Stück Ginganband über das Dach legen, unter der Schachtel kreuzen, festziehen und in einer Schleife oben festbinden.

SCHUBLADENTRUHE

Diese Schubladentruhe wird aus buntbemalten Kinderschuhkartons gefertigt, und Kindern jeden Alters gefallen. Größere Kartons eignen sich ebenfalls. Die Truhe ist ideal zur Aufbewahrung von Schreib- und Nähzeug oder andere Kleinigkeiten.

SIE BRAUCHEN

Material

9 Schuhschachteln
Polyboard
Holzkleber
Kleidernadeln
drei Wasserfarben
9 Holzknöpfe und Schrauben
einseitige Wellpappe

Zubehör

Metalllineal
Bleistift
Trapezmesser
Schneidematte
kleiner Flachpinsel
Ahle
Schraubenzieher

1 Höhe und Breite einer Schachtel messen und verdreifachen. Dann die Länge einer Schachtel messen. Zu jedem Maß 1cm hinzuzählen. Acht Stücke aus Polyboard schneiden: zwei für oben und unten (Länge x Breite und die Dicke von vier Stücken Polyboard); zwei für die waagrechten Träger (Länge x Breite und die Dicke von zwei Stücken Polyboard); vier für die senkrechten Träger (Länge x Höhe und die Dicke von zwei Stücken Polyboard). Schlitze groß genug, um ein Stück Polyboard aufzunehmen, zu einem Drittel bzw. zu zwei Dritteln entlang zwei der horizontalen und zwei der senkrechten Träger einschneiden. Die Polyboard Stücke zu rechten Winkeln wie gezeigt zusammensetzen. Beiseite stellen.

2 EinStück Polyboard, das Sie für den Oberteil oder die Basis geschnitten haben, auf die Arbeits-fläche legen. Die beiden anderen senkrechten Träger rechtwinklig an beiden Basisenden ankleben. Zur Absicherung anstecken. Wenn der Kleber trocken ist, die oberen Stücke ankleben und dabei anstecken.

3 Den offenen Karton an allen Enden des Polyboardrasters kleben und in die Schachtel setzen. Von außen an dem Polyboard befestigen, damit es gut zusammenhält. Ein Stück Polyboard von der Breite und Höhe der ganzen Schachtel ausschneiden, kleben und auf den Rahmen stecken.

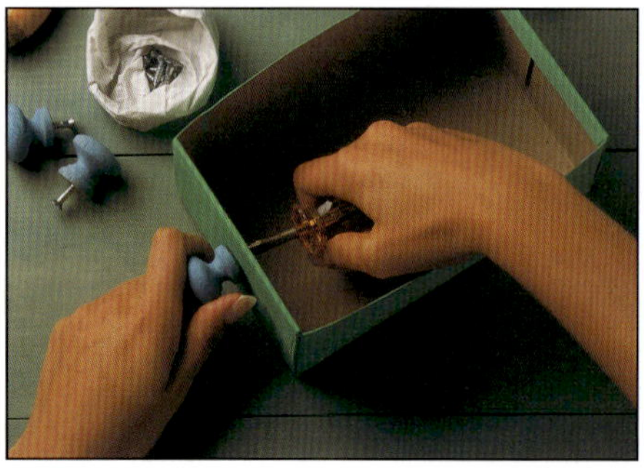

4 Die Schuhschachteln und die Deckel mit Wasserfarben anmalen. Die Innenseite könnte mit einer Komplementärfarbe bemalt oder mit Geschenkpapier ausgelegt werden. Möglicherweise sind zwei Farblagen nötig. Truhe in anderer Farbe bemalen.

5 Die Holzknöpfe mit der Farbe der Truhe bemalen. Wenn die Farbe auf den Schachteln und Griffen trocken ist, vorne ein Loch mit einer Ahle stechen. Knöpfe an den Schachteln anbringen.

6 Ein langes Stück Wellpappe in der Breite der Truhe und lang genug für verschnörkelte Füße ausschneiden. Von beiden Enden her aufrollen bis die Rollen genügend groß sind. Einkleben.

7 Noch ein Stück Wellpappe von gleicher Breite für Dächlein zuschneiden. Rollen und Dächlein mit dritter Farbe bemalen.

8 Den langen Steifen an der Truhenseite anstecken, dabei die Kante unter den Boden stecken und in drei Wellen oben ankleben. Die andere Seite ankleben und trocknen lassen. An den Seiten anstecken.

9 Kleber oben auf jede Rolle auftragen und Truhe mittig aufsetzen.

LAMPENSTÄNDER AUS WELLPAPPE

Wellpappe hebt sich für Konstruktionen von gewöhnlichem Packpapier ab. Dank seines Aufbaus aus einer glatten und einer gewellten Seite kann es für diesen Lampenständer sogar aufgerollt werden. Wellpappe ist sehr leicht und die Lampe sollte an einer sicheren Stelle stehen.

SIE BRAUCHEN

Material

Rolle Wellpappe
Lampe mit Flaschenhalsadaptor

Zubehör

Maßband
Trapezmesser
Schneidematte
Klebepistole mit Alleskleberpatronen
Bleistift

1 Ein 52 x 35cm großes Rechteck ausschneiden und der Länge nach rollen. Die Mitte frei lassen für den Lampeneinsatz. Kleben.

2 Einen 135 x 4 cm großen Streifen Well-pappe ausschneid-en. 18,5cm von der Ecke oben links abmessen. Eine Linie von diesem Punkt zur Ecke unten rechts zeichnen und schneiden. Kleber auf das quadratische Ende auftragen und an die Säulenbasis anpassen. Den Pappstreifen um die Basis wickeln und festkleben. Basis flach halten.

3 Ein 52 x 4cm großen Streifen schneiden. Für größere Stabilität um die Basis wickeln und kleben.

4 Einen 135 x 4 cm großen Streifen schneiden. Dann um das obere Ende der Säule kleben. Oberes Ende flach halten. Einen Elektriker den Flaschenhalsadaptor installieren und verkabeln lassen.

DREIDIMENSIONALE BILDERRAHMEN

Papier und Pappe lassen sich gut zum Anfertigen von Bilderrahmen einsetzen. Zusammengeklebte Papplagen geben einen schönen dreidimensionalen Effekt. Am Besten scheidet man die Pappe gerade und genau.

FÜR DIE KLASSISCHEN SÄULEN BRAUCHEN SIE

Material

Fixierbrett
Gummikleber
beidseitiges Klebeband

Zubehör

Pauspapier
Bleistift
45° Mattenschneider
Trapezmesser und Schneidematte
Metalllineal

FÜR DAS LOCHPAPIER BRAUCHEN SIE

Material

6 mm dickes Polyboard
dickes Wasserfarbenpapier
doppelseitiges Klebeband

Zubehör

Bleistift
Trapezmesser und Schneidematte
Tuch
Stopfnadel

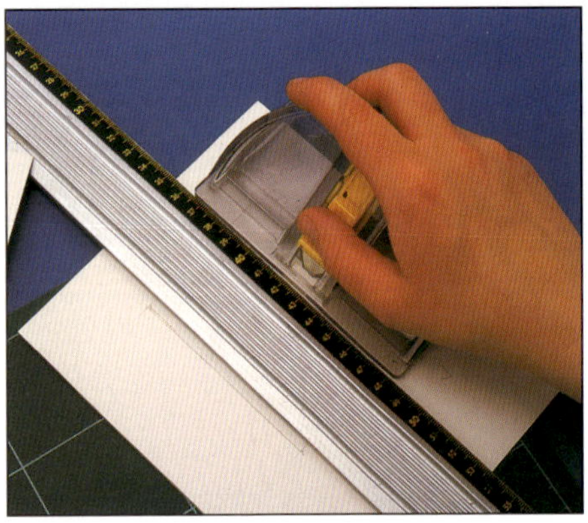

1 Säulenvorlagen am Ende dieses Kapitels ab-pausen und nach Bedarf vergrößern. Den Rahmen aus Fotokarton mit einer Schneide-matte und 45° Mattenschneider ausschneiden.

2 Mit dem Trapez-messer vier Streifen für jede Säule und die Stufen aus-schneiden sowie vier Dreiecke für das Dach aus einem anderen Stück Fotokarton.

3 Die Stufen mit Gummikleber kleben (Überschuss kann nach dem Trocknen abgerieben werden). Die Pappstreifen an die Basis anpassen.

4 Das Dach mit Gummikleber ankleben. Trocknen. Die Säulen ankleben, dabei die Länge der Strei-fen nach Bedarf zurechtschneiden.

5 Das Bild mit doppelseitigem Kleber einsetzen und ein Stück Fotokarton hinten als Ständer anbringen.

6 Für den geloch-ten Papierrahmen einen einfachen Rahmenumriss auf Polyboard auftragen und ausschneiden. 6 mm breite Streifen Wasserfarbenpapier ausschneiden und auf die Innen- und Außenkanten des Rahmens kleben. Trocknen lassen.

7 Ein Stück Wasserfarbenpapier von der selben Größe wie die Rahmenvorderseite schneiden und mit der Vorlage ein Muster auf die Rückseite zeichnen.

8 Das Papier auf ein Tuch legen und, wie im Entwurf angegeben, mit einer Stopfnadel eine punktierte Linie einstechen.

9 Das durchlochte Papier an die Rahmenvorder-seite kleben. Einen einfachen Ständer aus Polyboard an der Rahmenrückseite mit doppelseitigem Kleber anbringen.

GRUSS-KARTEN

Billige Papierreste sehen vornehm aus, wenn sie mit Jute zu einer handgemachten Karte zusammengebunden werden.

SIE BRAUCHEN

Material

Olivenöl
Essenzen (wahlweise)
Papiertücher
Kalligrafiepapier
grünes Löschpapier
Papierkleber
Wasserfarbenpapier
stark klebender Weißleim
feine Juteschnur

Zubehör

Schere
Bleistift
Trapezmesser
Schneidematte
Metalllineal
Schnürnadel

1 Etwas Olivenöl mit etwas Essenz vermischen. Auf einer geschützten Unterlage arbeitend, das Olivenöl mit Papiertuch auf Kalligrafiepapier auftragen, bis es durchscheinend ist. Trocknen lassen.

2 Ein Stück grünes Löschpapier als Vorderseite der Karte ausschneiden. Mit Bleistift eine Eichenlaubform ungefähr ein Drittel unterhalb des oberen Rands aufzeichnen.

3 Eine Blattform ausschneiden. Das Blatt zur Seite legen.

4 Das geölte Papier auf das Löschpapier kleben. Das Öl verursacht ungleichmäßiges Kleben, was der fertigen Karte ein angenehmes meliertes Aussehen verleiht. Unter einem Stapel Bücher ganz trocknen lassen. Die Bücher mit mehreren Lagen Papiertuch schützen.

5 Das Wasserfarbenpapier mit der Rückseite des Trapezmessers und einem Metall-lineal einkerben und zu einer Grußkarte falten. Das meiste Papier wegreißen, um einen Büttenrand zu produzieren.

6 Geöltes Papier in der gleichen Größe wie das grüne Papier ausschneiden. Kleber auf den oberen zwei Dritteln des abgerissenen Wasserfarbenpapiers auftragen. Mehrschichtiges grünes und geöltes Papier auf die Grußkarte kleben.

7 Die Vorderseite der Grußkarte gerade unterhalb des Klebers durchreissen und das untere Drittel entfernen.

8 Ein Stück grünes Papier und ein Stück geöltes Papier so breit wie die Grußkarte und halb so hoch, wie die Lücke zwischen geöltem und grünem Papier. Das grüne Papier unten an die Innenseite der Karte und das geölte Papier am gerissenen Rand ankleben.

9 Löcher vorn in der Karte mit der Schnürnadel einstechen und Schnur durchziehen, um beide Teile zu verbinden. Einfache Knoten an den Enden binden. Für den Geschenkanhänger ein Loch in das Blatt stechen. Schnur anbringen. Eine gekurvte Ader einkerben.

KARTEN AUS GEFLOCHTENEM PAPIER

Beim Papierflechten lassen sich aufregende Effekte mit einfachen Mittel erreichen. Das Geflecht kann allein als Entwurf verwendet oder eingerahmt werden, um ungewöhnliche Grußkarten zu schaffen.

SIE BRAUCHEN

Material

mittelschwere Pappe: grün, orange und rot
Papierkleber

Zubehör

Lineal
Bleistift
Schere

1 Ein Rechteck (16 x 24cm) auf mittelschwerem grünem Papier zeichnen und ausschneiden. Eine Linie entlang der Mitte zeichnen und sanft mit der Schere zu einer Faltlinie einkerben.

2 Ein 9 cm-Quadrat vorne auf die Pappe zeichnen und ein Fenster ausschneiden.

3 Ein Stück rote Pappe (10 x 10 cm) schneiden. Senkrechte Schnit-te im 1cm-Abstand von knapp unter-halb des oberen Rands bis fast an den unteren Rand anbringen.

4 Mehrere Streifen oranges Papier ungefähr 1cm breit ausschneiden.

5 Die orangen Streifen durch die rote Pappe flechten, damit ein kariertes Muster entsteht. Die oran-gen Streifen auf beiden Seiten der Karte abtrimmen und festkleben.

6 Das geflochtene Quadrat an die innere Vorder-seite der grünen Karte anbringen, damit es im Fenster zu sehen ist.

TABLETT AUS WELLPAPPE

Zusammengeklebte Lagen aus einseitiger Wellpappe ergeben ein festes Tablett. Es ist allerdings mehr zur Dekoration als zum altäglichen Gebrauch geeignet. Das Tablett kann lackiert werden, um es robuster zu machen, oder es kann angemalt oder mit Collagen und Decoupage dekoriert und danach lackiert werden.

SIE BRAUCHEN

Material

einseitige Wellpappe
zwei große Metallpapierhalter
starker Weißleim

Zubör

Bleistift
Metallineal
Trapezmesser
Schneidematte

1 Auf der Wellpappe 10 Rechtecke à 38 x 50cm aufzeichnen und mit Metall-lineal und Trapez-messer auf der Schneide-matte ausschnei-den. Die Bleistift-linien auf der an-deren Seite der Pappe aufzeichnen (nicht auf der sichtbaren Seite).

2 Eine Linie 5cm von den Kanten auf 6 Stücke Pappe zeichnen und das Rechteck in der Mitte ausschneiden. Die Reste aufheben, und als Griffe verwenden.

3 Eines der großen Pappstücke nehmen und wieder 5 cm von allen Kanten ab-messen. Gleich-seitiges 3cm messendes Dreieck auf ein Stück Pappe zeichnen. Ausschneiden. In der Mitte anfangend und auf die Ecken zu arbeitend, das Dreieckmuster auf die Innenseite einer der Bleistiftlinien setzen und um es herumzeichnen. Ebenso auf der anderen Seite der Pappe.

4 An allen vier Seiten weitermachen und mit einem Quadrat in jeder Ecke aufhören. Die Dreiecke von der Bleistiftlinie auf die Spitzen zu ausschneiden.

5 Auf zwei der verbleibenden vollständigen Pappstücke Linien 7,5cm von den Kanten entfernt zeichnen. Die inneren Rechtecke ausschneiden und wegwerfen.

6 Auf der Rückseite eines der ersten Stücke 2 Punkte 10cm voneinander entfernt zu beiden Seiten der Mitte der kurzen Seiten abmessen. Schlitze einschneiden und die Papierbefestigungen von hinten einführen. Pappstücke 3 x 5cm schnei-den, den Rücken abschälen und um die Befestigungen wickeln. Kleben.

7 Gemäß dem Muster Kapitelende eine Vor-lage für den Griff erstellen. Ein Pappdreieck und Löcher, wie angezeichnet, ausschneiden. Eine Seite der Pappe abschälen.

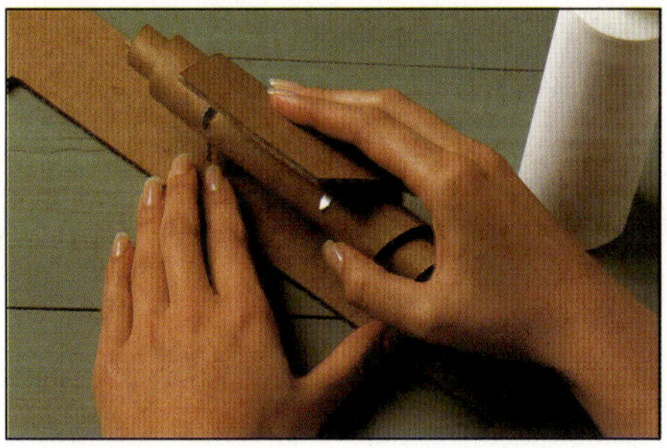

8 Das Pappdreieck fest aufrollen und fest in Position halten. Die Rolle auf den Papierbefestigungen aufdrücken. Sie sollte einfach einrasten. Wenn nicht, fest drücken, damit die Befestigungen durch die Pappe stoßen.

9 Die Rollen auf die Pappstiele schieben. Kleber auf die Unterseite der losen Pappklappe auftragen und festpressen. Festhalten bis der Kleber trocken ist.

10 Das verbleibende vollständige Pappstück mit Vorderseite nach oben legen. Alle Rücken kleben. Die beiden Stücke mit ausgeschnittenen Rechtecken aufkleben, dann das dreieckige Stück. Die 6 rechteckigen Rahmen aufeinander kleben und mit den Griffen abschließen.

GEFLOCHTENER PAPPSCHIRM

Schwere Wellpappe kann zu festen Tafeln geflochten werden, die einen ausgezeichneten Schirm ergeben. Die Pappe wird mit bezaubernden senkrechten Streifen bemalt, die zusammengeflochten aussehen wie modernes Flechtwerk des 20. Jahrhunderts nach traditionellen Vorlagen .

SIE BRAUCHEN

Material

einseitige Wellpappe
Wasserfarben: weiß und verschiedene Farben
starke, farbige Nylonschnur
Holzleisten
große Klammern
Holzreste

Zubehör

Schere
kleine Farbwalze
Farbtrog
Hefter
Ahle
große Stopfnadel
kleine Säge
Bohrer
kleiner Schwamm

1 Die Papptafeln aus den Kartons schneiden und so flach und glatt wie möglich lassen. Eine Seite von jeder Tafel weiß anmalen, dann ein vielfarbiges Muster mit der Walze auftragen. Die andere Seite ebenso behandeln, damit der Schirm umgedreht werden kann.

2 Pappe in 10cm breite Streifen über die Wellen schneiden. 6 Streifen nebeneinander legen, dabei 2cm an beiden Enden der Streifen untereinanderlegen. Einen waagrechten Streifen durchflechten und die Enden der Senkrechten daran heften.

3 Weitere horizontale Streifen durchflechten bis die gewünschte Höhe erreicht ist. Die Seiten der Horizontalen unterbiegen und dabei an die Senkrechten heften.

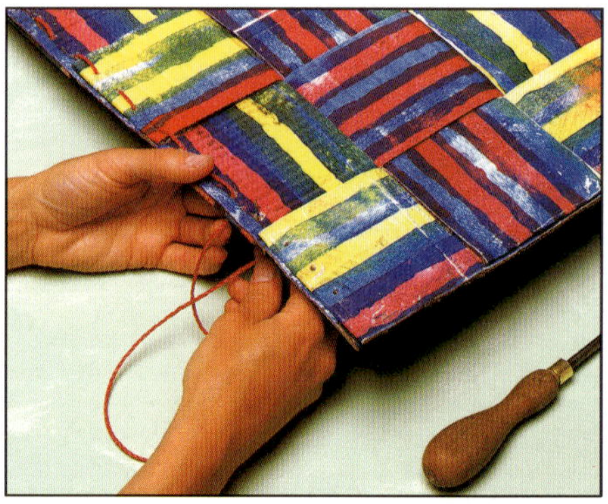

4 Mit der Ahle Löcher in die unteren und oberen Enden der Schirmtafel stechen. Nylon-faden in einem dekorativen Stich mit der Stopfnadel einnähen.

5 Vier Leistenstücke von der Länge der Tafelseiten schneiden. Alle 4cm ein Loch bohren. Jedes Stück mit Farbe betupfen. Die Leisten an die Kanten der Schirmtafeln heften. Den Rand jeder Tafel auf Holz stellen und durch die Löcher zur Pappe mit der Ahle bohren.

6 Leisten an die Ränder der Tafeln mit dem Nylonfaden festnähen.

7 Tafelränder vorsichtig aneinander anpassen. Mit Faden zusammennähen, indem die Nadel unter der oberen Leiste über dem Saum nach hinten und unter den zweiten Streifen hindurchgeführt wird.

WELLPAPPENDEKORATION

Wellpappe ist ein oft vernachlässigtes Material, das wirklich erstaunlich aussieht, wenn es innovativ verwendet wird. Es eignet sich für Rahmen, Fenster und Türen und Sie können daraus dekorative Kerzenhalter, Bilderrahmen und Bucheinschläge fertigen. Experimentieren Sie mit verschiedenen Formen, um zu sehen, welche Ihnen am Besten gefällt.

SIE BRAUCHEN

Material

Rollen ungefärbter Wellpappe
dünne Pappe
Sprühkleber
Abdeckband (wahlweise)
Kerzen
weiße Latexfarbe
Schnur
feine Wellpappe in verschiedenen Farben
Papierkleber

Zubehör

Bandmaß
Schere
Lineal
Bleistift
Trapezmesser
Schneidematte
kleiner Flachpinsel
Klebepistole und -patronen

1 Für eine Fensterumrandung, die Breite des Brettes messen und farblose Wellpappe zuschneiden, einschließlich Falz. Wellen mit Lineal glätten.

2 Ein Muster auf die Pappe malen und als Vorlage ausschneiden. Mit der Vorlage auf die Wellpappe übertragen. Mit Trapezmesser auf der Schneidematte ausschneiden.

3 Den Rücken der Wellpappe mit Kleber besprühen und in Position bringen. Wenn Sie die Dekorierung später entfernen wollen, Abdeckband unter den Sims stecken und die Dekorierung an das Band kleben. Sie können dann das Band abschälen ohne die Wand zu beschädigen.

4 Für Kerzenhalter, Streifen aus Wellpappe zur richtigen Größe schneiden und mit weißer Latexfarbe anmalen. Wellen mit der Schere einschlitzen.

5 Einen breiteren Streifen schneiden und an dem Rücken des weißen Streifens kleben. Um die Kerzen wickeln. Schnur mehrmals um die Kerzen wickeln.

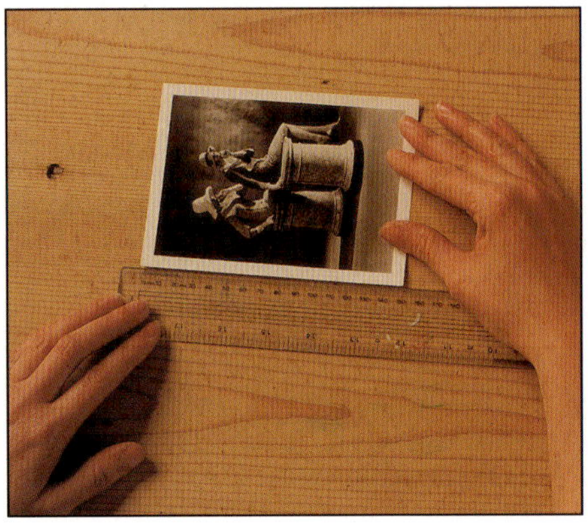

6 Für den Bilderrahmen, das Bild messen und die notwendige Größe und Form festlegen.

7 Den Rahmenrücken auf Wellpappe zeichnen und mit Messer und Lineal ausschneiden.

8 Den Rücken als Vorlage für die Rahmenvorder-seite benutzen und aus bunter Well-pappe ausschnei-den. Die Rahmen mitte ausschneiden.

9 Das Bild mit Papierkleber festkleben, so dass die Hinter-grundfarbe rundherum als Umrandung sichtbar ist.

10 Einen Ständer für den Rahmen aus Wellpappe in der gezeigten Form anfertigen. Mit gewundenen Streifen aus buntem Papier nach Wunsch dekorieren.

CHINESISCHE LATERNE

Diese Stock- und Papplaterne sieht am Tag unscheinbar aus, in der Nacht leuchtet sie wie ein Wolkenkratzer . Wellpappebögen sind in einer breiten Palette von Farben, von natürlich bis phosphorisierend, erhältlich. Die Holzstäbe können Sie zusätzlich bemalen.

SIE BRAUCHEN

Material

35 x 26cm-Bogen Wellpappe
Papierreste
Goldsprühfarbe
Holzstäbe

Zubehör

Metalllineal, ca. 3 cm breit
Kugelschreiber oder Bleistift
Trapezmesser
Schneidematte

1 Mit der Breite des Lineals als Abstandsmaß Linien über die Pappe zeichnen.

2 Versetzte Schlitze schneiden, dabei am Rand beginnen. Das Lineal jeweils eine Breite versetzen und Schlitze abwechselnd bis an das Ende schneiden.

3 Auf gleiche Weise durch die ungeschnittenen Reihen schneiden, aber mit dem Lineal um die Hälfte nach unten versetzt. Weiter, bis der Bogen mit einem Backstein-muster aus Schlit-zen bedeckt ist.

4 Ihre Arbeitsfläche mit Papierresten schützen, dann die glatte Seite der Pappe mit Goldfarbe besprühen.

5 Die Pappe umdrehen und bis auf einen alle Stäbe durch die Schlitze stecken. Etwa 2,5cm an einer Seite als Laternenfüße hervorstehen lassen.

6 In ca. 1cm Abstand von den Schlitzen abschneiden, damit der Saum nicht zu störend wirkt.

7 Die beiden Kanten zum Überlappen bringen (mit der glatten Goldseite innen), dann den letzen Stab durch die doppelte Dicke durchstechen und die Lampe fixieren.

HOLZ- UND PAPIERSCHIRM

Dieser elegante Kaminschirm ist ideal für schlichte und moderne Einrichtungen. Die Papierstreifen werden aus gerollten Bögen geschnitten und die natürliche Wellung hält das Papier zwischen den Stangen in Stellung . Der Effekt von natürlichem Holz und Papier wirkt angenehm und beruhigend. Da die Tafeln flexibel angebracht sind, können sie mit anderen Farben ersetzt werden.

SIE BRAUCHEN

Material

6 Weichholzlatten (Kiefer) 90 x 5 x 2,5 cm
18 Stangen von 30 cm Länge und 6 mm Dicke
weiße Latexfarbe
klarer Akryllack
Holzkleber
2 Paar Scmetterlingsscharniere mit Schrauben
weißes, schweres Wasserfarbenpapier

Zubehör

feines Sandpapier oder feine Drahtwolle
kleiner Flachpinsel
Bleistift
Klammern
Bohrer
Holzhammer
Schraubenzieher
Trapezmesser
Metalllineal
Schneidematte

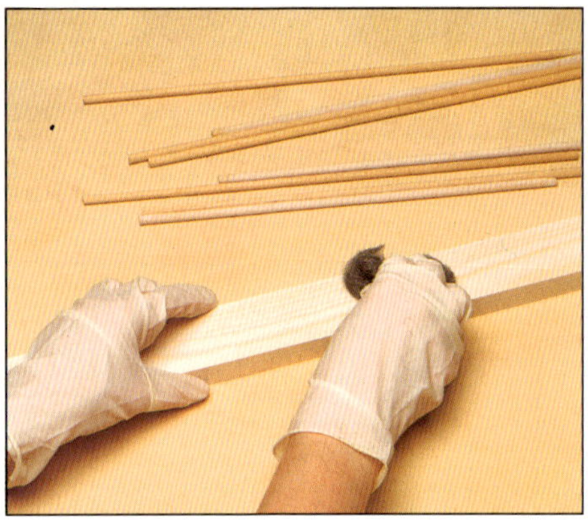

1 Alles Holz mit Sandpapier oder Stahlwolle leicht abreiben. Eine dünne, ungleichmäßige Schicht verdünnte weiße Farbe auf das Holz auftragen und trocknen. Das Holz mit einer Lackschicht abdichten.

2 Die Lage der Dübel an der Innenseite jedes aufrechten Stücks anzeichnen. Das Holz festklammern und an jedem Punkt ein Loch ungefähr in der Mitte durch das Holz bohren.

3 Die Dübel zwischen den Latten befestigen. Etwas Kleber in die Löcher der Lattenpaare geben und zusammenfügen. Vorsichtig die Rahmenhälften zusammenklopfen.

4 Die Rahmen Seite an Seite setzen und die Lage der Scharniere anzeichnen. Die Schrauben vorbohren, damit das Holz nicht spaltet. Dann die Scharniere festschrauben.

5 Sechs 12 x 90 cm lange Streifen Wasserfarbenpapier mit Trapezmesser, Metalllineal und Matte ausschneiden. Rollen, damit es leicht gelockt ist.

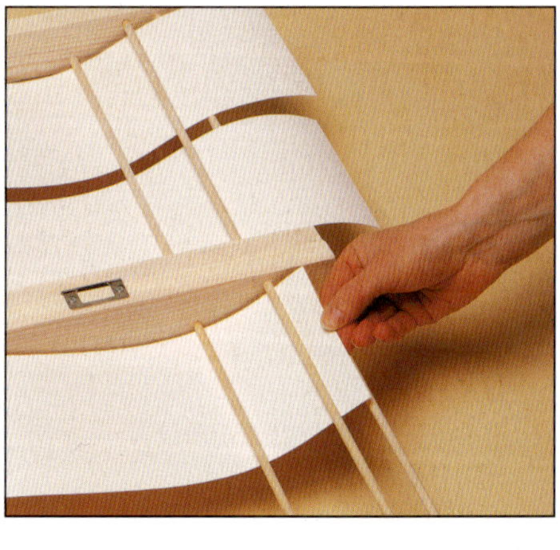

6 Die Papierstreifen in den Rahmen einflechten, da-bei experimentie-ren, um den besten Effekt zu erhalten.

RANZEN AUS PAPPE

Dieser Ranzen sieht kaum nach Pappe aus. Er ist mit Wachs für wasserfeste Kleidung eingeriben. Er verleiht der praktischen Tasche eine lebendige Patina. Die Tasche kann wie hier mit Tapete oder mit gemustertem Stoff ausgekleidet werden.

SIE BRAUCHEN

Material

Sprühkleber
Tapete
kleinwellige, einschichtige Pappe
Wachs zum Imprägnieren
Ösen
Paketschnur
Plastikrohr
Metallbefestigungen
Ringe

Zubehör

weiches Tuch
Haartrockener
Pauspapier
Bleistift
Trapezmesser
Metallineal
Schneidematte
Holzlöffel
Locher
rotierender Locher

1 Sprühkleber auf die Rückseite der Tapete spritzen und auf eine Seite der Pappe kleben. An einem Ende anfangend, die Luftblasen aus der Tapete drücken. Mit einem weichen Lappen eine gleichmäßige Schicht Wachs auf der anderen Seite aufbringen. Den Wachs mit dem Haartrockner schmelzen, damit er eindringt.

2 Nach dem Muster A, das die Klappen darstellt, ausschneiden. Die Linien mit einem stumpfen Holzlöffel einkerben. Kleine Löcher für die Ösen und Einsätze schneiden. Die ovalen Löcher für die Befestigungen an der Vorderklappe ausschneiden. Löcher um die Außenseite mit 1,5 cm Abstand einstanzen.

3 Die Vorderseite (B), zwei Seitenstücke für die Tasche (D), zwei Seitenstücke für den Ranzen (C) und die Taschen-vorderseite (E) aus der Pappe schnei-den. Die Innenseite der Trennwand ausschneiden (F) und beidseitig tapezieren. Löcher mit 1,5cm Abstand an 3 Seiten (nicht oben) stanzen.

4 Die unbearbeitete Seite des Seitenstücks der Tasche (D) einkerben, dann falten. Die Tasche (E) auf der Brieftaschenvorderseite (B) zentrieren und anzeichnen. Die Tasche (E) beiseite legen. Die Taschenseite (D) an die Linie legen, dann Löcher in die beiden Papplagen stanzen und mit Schnur zusammennähen, wobei der Knoten auf der bearbeiteten Seite liegt.2 cm entlang der geraden Kante der Taschenvorderseite (E) umfalten und an den Taschenseiten anbringen (D).

5 Alle Faltlinien auf den beiden Seitenstücken (C) einkerben und entlang der Linien biegen. Eine Seite am Rücken des Ranzens (A) annähen und die Schnur weiter durch alle Löcher der Klappe fädeln. Die innere Trennwand (F) darauf legen und das zweite Seitenstück (D) auf sie legen. Durch alle Lagen durchnähen.

6 Die Ranzen-vorderseite (B) am Seiten-streifen (C) ansetzen. Festnähen, das Schnurende in das Anfangsloch einfädeln und innen verknoten.

7 Einen Griff (G) ausschneiden und an den ange-zeigten Linien fal-ten. Löcher mit 1,5 cm Abstand ent-lang der längsten Seiten stanzen. Einen Doppelschnur durch die beiden Ösen führen und verknoten. Den Pappgriff um die Schnur wickeln und zusammennähen. (Es ist ratsam, den Griff mit etwas Plastikschlauch zu verstärken.)

8 Die Vorderklappe flach gegen den Ranzen halten. Mit dem Bleistift die Lage der Befestigungs-hinterseiten auf der Taschenvorderseitea nzeichnen. Die Befestigungen vorsichtig durchdrücken. Die anderen Teile der Befestigungen in den angezeichneten Stellen anbringen. Mit Ringen die Pappe gegen einschneiden schützen.

HUTKORB

Diese bunten, ovalen Schachteln waren im frühen 19. Jahrhundert das Gegenstück zum heutigem Handgepäck. Eine Hutschachtel lässt sich einfach selbst herstellen. Nach Tapetenmusterbüchern Ausschau halten oder eigenes Papier mit Schablonen bedrucken.

SIE BRAUCHEN

Material

2 Bögen Wellpappe à 38 x 38cm
Reisszwecken
Baumwollfaden
2 Bögen dünne Pappe à 38 x 38cm
Büroklammer
starkes, mattes Klebeband
Weißleim
Tapetenleim
Tapete
Schnur
Geschenkpapier

Zubehör

Lineal
Kugelschreiber
Trapezmesser
Schneidematte
kleiner Flachpinsel
Schere
Wäscheklammern

1 Für die ovale Basis auf einem Pappstück eine Mittellinie zeichnen, dann zwei Reisszwecken 10cm voneinander im mittleren Teil der Linie einstecken. Ein 30 cm Stück Baumwollfaden abmessen und die Enden zusammenbinden. Um die Nadeln legen und mit einem Kugelschreiber in eine Richtung straff halten. Mit dem Stift im Uhrzeigersinn zeichnen, dabei immer den Faden straff halten. Das Oval mit dem Messer ausschneiden.

2 Die Basis auf den anderen Wellpappebogen setzen und um sie herumzeichnen. Ausschneiden, dabei ein nur wenig größeres Oval für den Deckel herstellen.

3 Die dünne Pappe um die Basis wickeln, damit eine ovale Schach-tel entsteht. Mit einer Büroklammer festhalten. Die beiden Teile verbinden, indem man Klebebandstücke unten anbringt, jeden Streifen mindestens 7,5cm lang. Den Saum verkleben.

4 Tapetenleim auf die Schachtel geben und Tapete darüber-rollen, dabei Luft-blasen glätten. Oben 1,5cm Über-hang lassen und mindestens 2,5 cm an der Basis. Über-hang einschneiden, Kleber auftragen, einfalten und mit Wäscheklammern festhalten, bis es trocken ist.

5 Den Deckel auf die zweite Pappe legen und mit mindestens 2,5cm Überhang ausschneiden. Den Deckel wie die Schachtel anfertigen, aber mit 4cm-Pappstreifen, der am Deckel mit Band angebracht wird. Den Saum verkleben, Tapete aufkleben. Zungen aus dem Überhang schneiden und kleben. Ebenso für Basis.

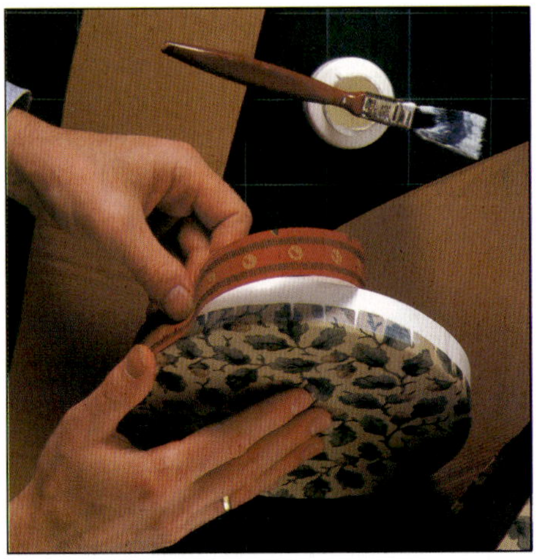

6 Die Tresse an die Seite kleben und mit Wäscheklammern festmachen, bis sie trocken ist. Wenn sie wollen können sie noch einen passenden Streifen dafür verwenden. Die Schachtel kann dann ausgelegt werden. Geschenkpapier, abge-messen und geklebt, kann dafür wie außen eingesetzt werden.

GOLDENE UHR

Diese Sonnenstrahluhr mit ihren sanften Kurven wird durch Einkerben und Falten von Graukarton hergestellt. Goldcreme ergibt einen mattgolden Teint. In Kombination mit tiefroter Farbe wirkt das Gold dramatischer und älter.

SIE BRAUCHEN

Material

Pauspapier
dünner, unbeschichteter Graukarton
tiefrote Wasserfarbe
Goldcreme
Uhrenteile

Zubehör

Bleistift
Trapezmesser
Metalllineal
Schneidematte
Farbpinsel
weiches Tuch
Ahle
Kleber

1 Die Vorlagen vom Ende des Buchs abpausen und vergrößern. Die Häußere Uhrenform auf Graukartom aufmalen. Die Innenform und zwei Zeiger mit dem Trapezmesser und Metalllineal ausschneiden. Desgleichen für die Außenform, den gekurvten Teil aber von Hand schneiden.

2 Alle Bleistiftlinien vorne auf der Uhr mit dem Messer einkerben, dabei Acht geben, dass der Graukarton nicht eingeschnitten wird. Ebenso mit dem Innerstück. Entlang der Linien auf dem Zeiger einkerben.

3 Den Graukarton umdrehen, Linie auf dem Rücken zeichnen und einkerben. Das innere Stück umdrehen und ebenso behandeln.

4 Sanft entlang aller eingekerbter Linien falten und den Graukarton dabei nicht knicken. Die Faltlinien zusammenpressen. Ebenso mit dem Mittelstück verfahren. Alle Stücke mit roter Farbe bemalen und trocknen lassen.

5 Mit einem weichen Lappen die Goldcreme über die Uhr etwas ungleichmäßig wischen, damit noch etwas rote Farbe durchscheint. Vollkommen trocknen lassen.

6 Mit der Ahle Löcher in die Mitten der Vor-der- und Hinter-stücke stechen und das Uhrenwerk durchschieben. Metallschraube einsetzen. Die Pappzeiger auf die Plastikzeiger kleben, auf der Uhr anbringen.

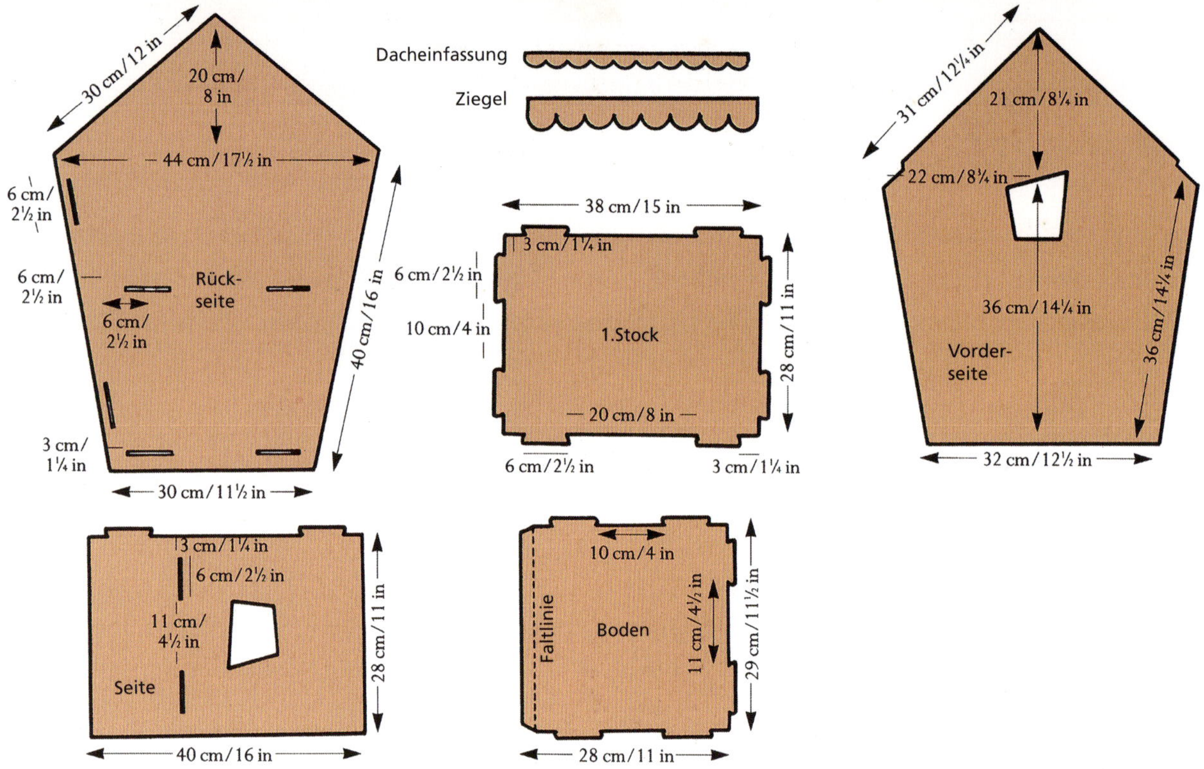

PUPPENHAUS
Muster 75% natürlicher Größe

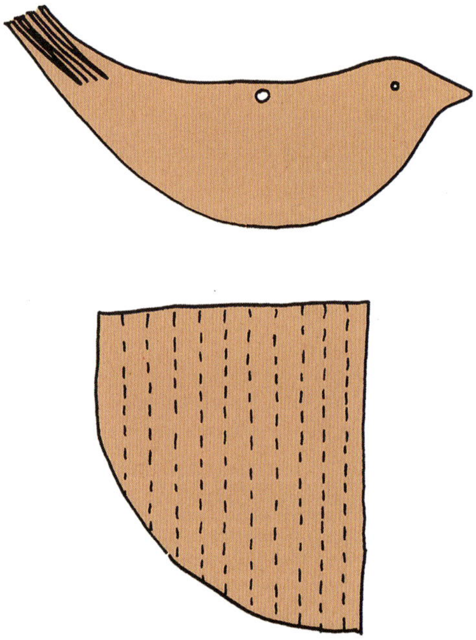

PAPIERSKULPTURVÖGEL
Muster 75% natürlicher Größe

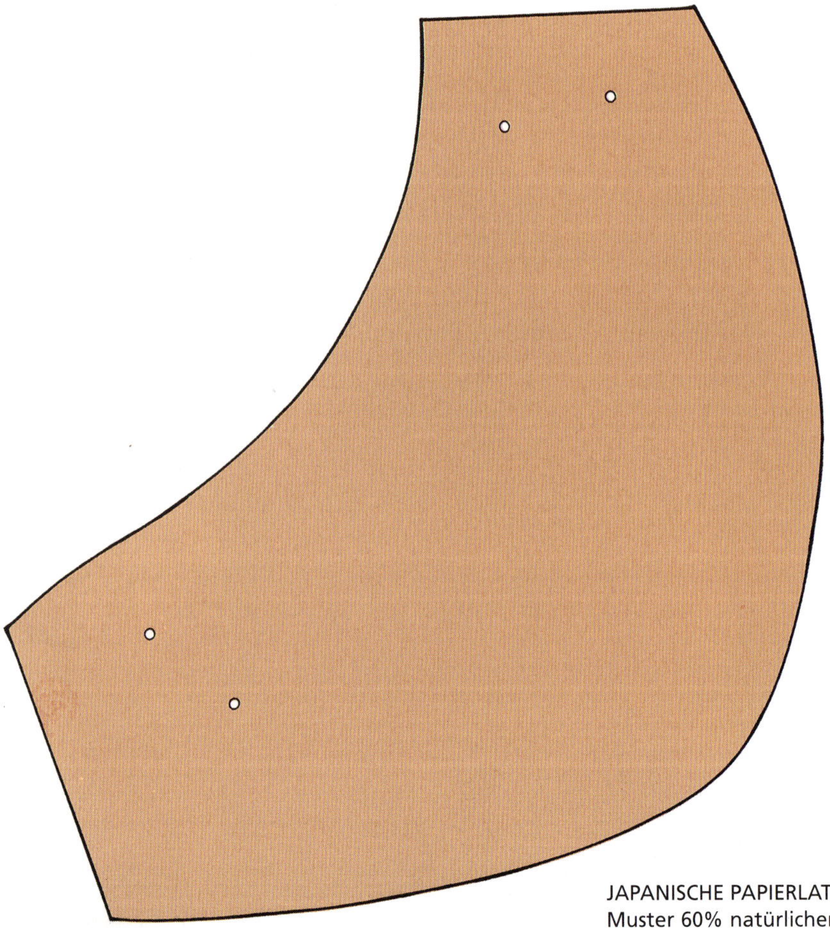

JAPANISCHE PAPIERLATERNEN
Muster 60% natürlicher Größe

GESCHENKSCHACHTELN
Muster 100% natürlicher Größe

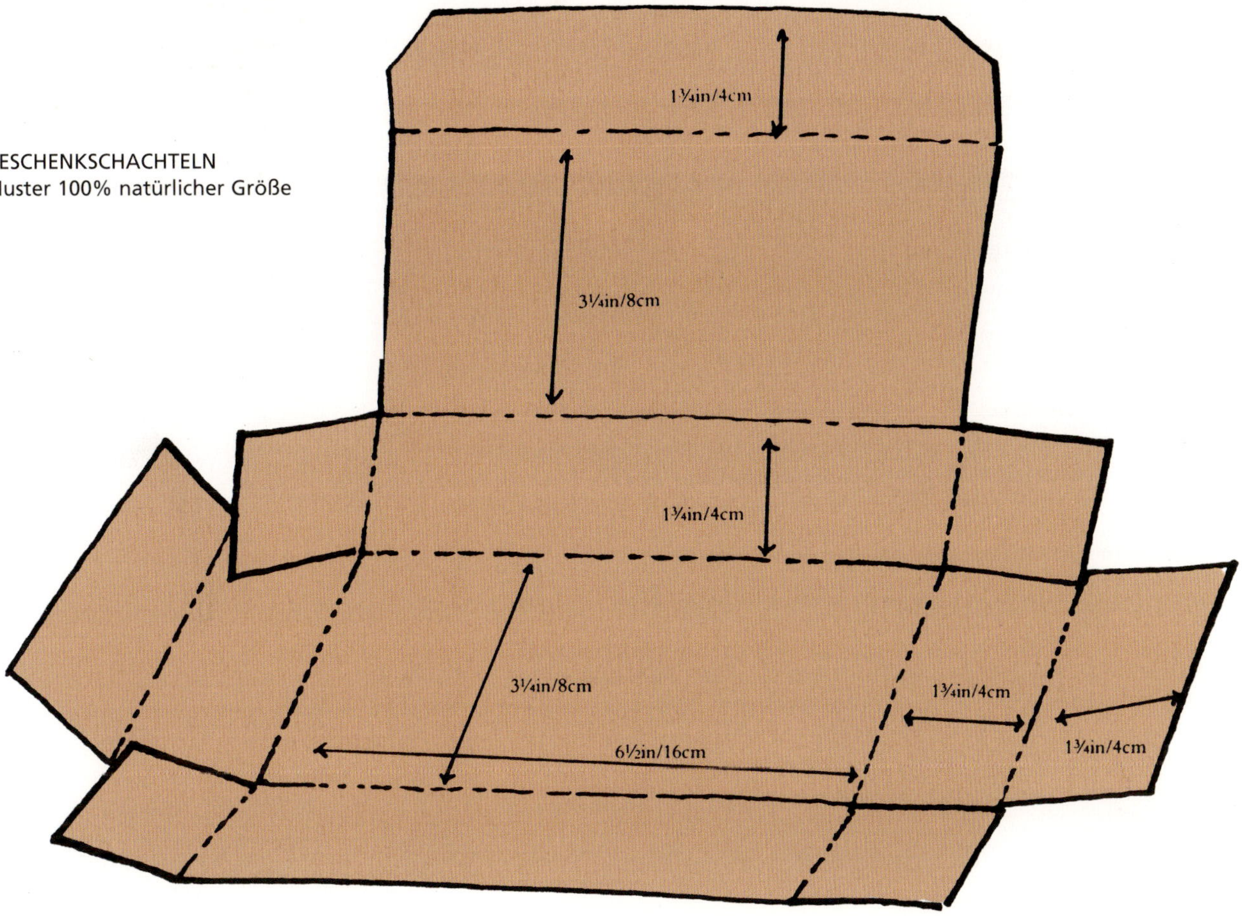

LUSTIGE PAPIERTÜTEN
Muster 75% natürlicher Größe

.... Bergfalten
---- Talfalten

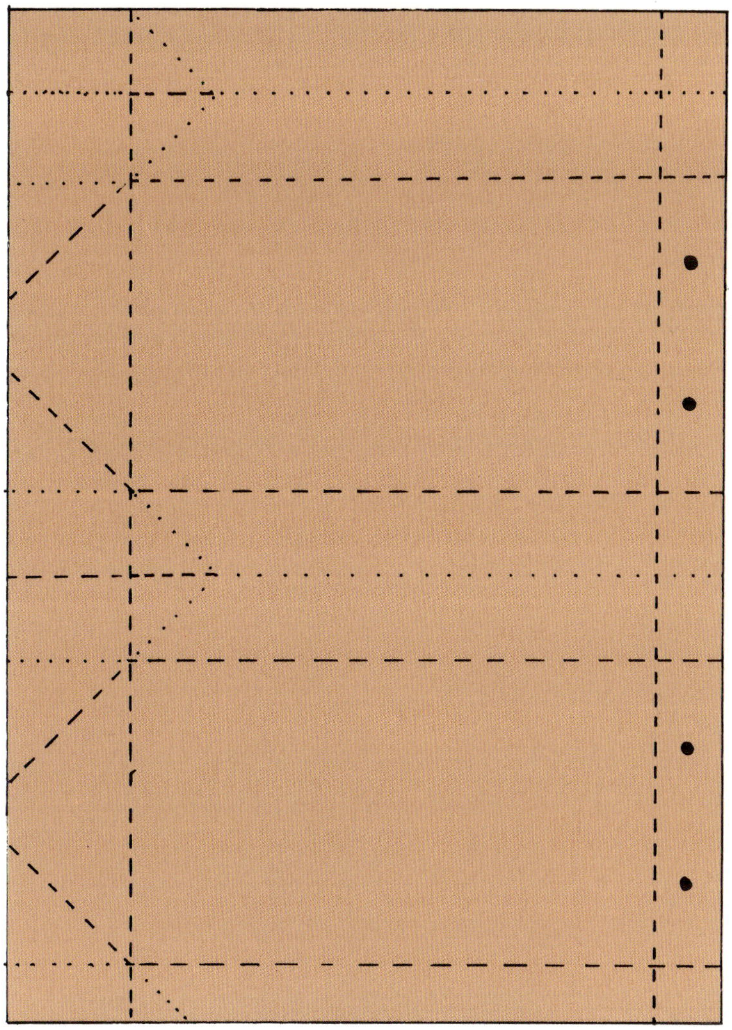

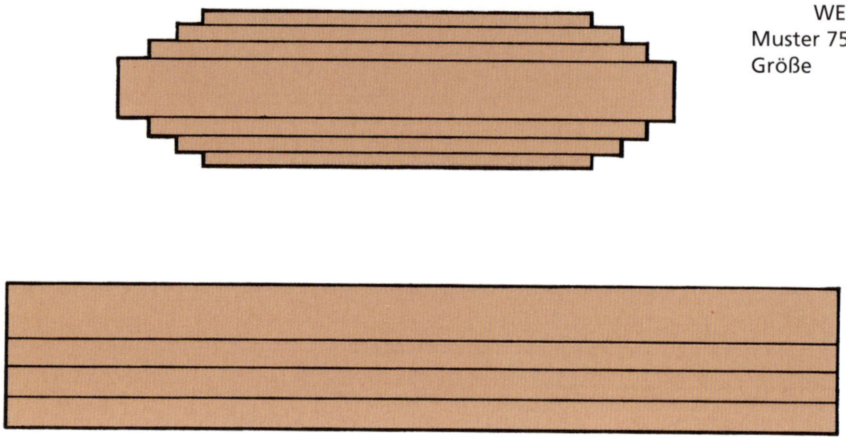

WELLPAPPETABLETT
Muster 75% natürlicher Größe

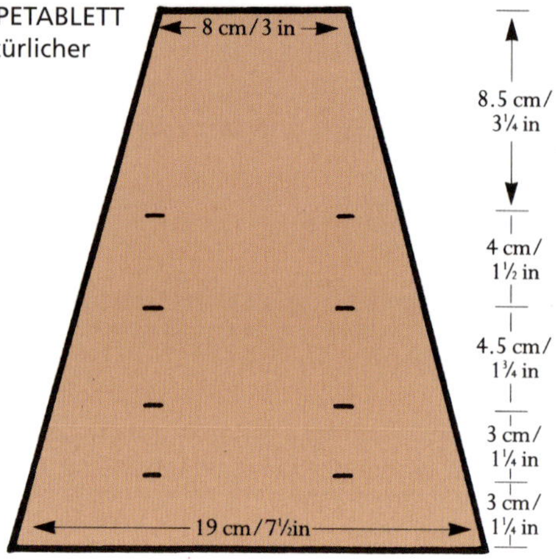

DREIDIMENSIONALE PAPIERRAHMEN
Muster 75% natürlicher Größe

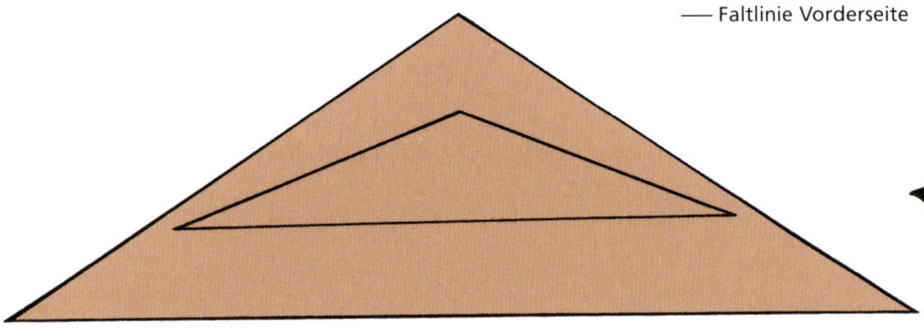

GOLDENE UHR
Muster 75% natürlicher Größe

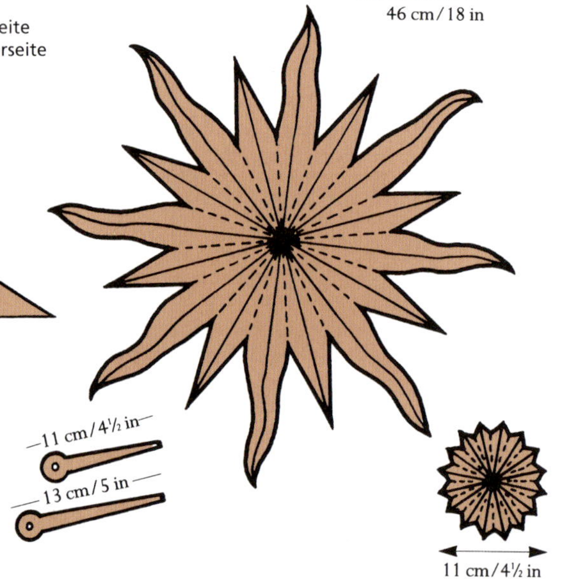

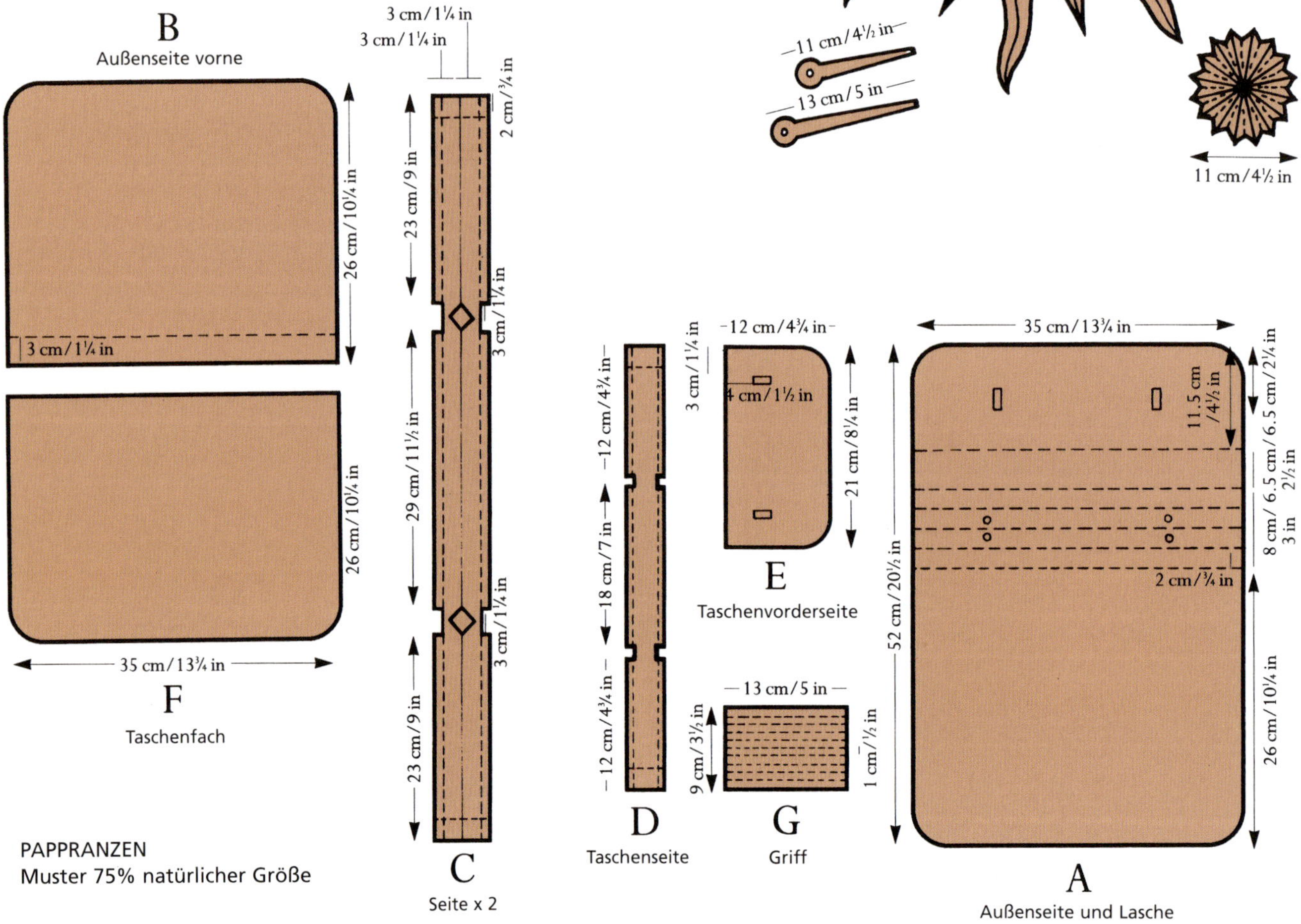

PAPPRANZEN
Muster 75% natürlicher Größe

REGISTER

DANKSAGUNG

Die Herausgeber möchten sich für die folgenden Beiträge bedanken: Ofer Acoo (Seite 80), Madeleine Adams (Seiten 36, 58), Juliet Bawden (Seiten 38, 106, 141, 210), Deena Beverley (Seite 228), Petra Boase (Seiten 111, 200, 212), Penny Boylan (Seiten 146, 190, 219), Victoria Brown (Seiten 46, 64, 76, 228), Louise Brownlow (Seiten 135, 196), Diana Civil (Seiten 126, 214), Marion Elliot (Seiten 28, 30, 32, 40, 42, 48, 50, 52, 54, 60, 63, 100, 104, 130, 140, 147, 148, 184, 198, 201, 232, 234, 242), Tessa Evelegh (Seiten 35, 82, 88, 134), Lucinda Ganderton (Seiten 37, 75, 144, 145), Emma Hardy (Seiten 142, 206, 224, 234, 244), Mary Maguire (Seite 152), Deborah Schneebeli-Morrell (Seite 118), Kim Rowley (Seite 56), Judy Smith (Seite 156), Andrea Spencer (Seiten 72, 86, 216), Isabel Stanley (Seite 194), Liz Trigg (Seiten 82, 88, 191), Liz Wagstaff (Seite 188) Stewart and Sally Walton (Seiten 34, 82, 88, 96, 112, 116, 119, 120, 122, 124, 128, 132, 136, 138, 150, 162, 166, 167, 168, 173, 174, 176, 178, 180, 186, 199, 208, 213, 218, 220, 222, 226, 240, 246), Emma Whitfield (Seite 154), Josephine Whitfield (Seiten 78, 84, 90, 94, 102, 108, 110, 170, 171, 172, 238) und Dorothy Wood (Seite 92).